受験は三省堂

第2版

ケータイ
KÉTAI
Patent Attorney
弁理士
II
意匠法・商標法

JN016193

LEC東京リーガルマインド講師 **佐藤卓也** 著

三省堂

● コアから全て波及する力を付けよう ●

　弁理士試験は、時代の変化に伴い、その試験傾向も変遷を繰り返してきました。現代の弁理士には、特許取得等の実務だけでなく、世界を舞台にした侵害訴訟に立ち向かえるだけの交渉力、人間力が求められています。

　私も、受験当初は、弁理士試験のあまりの難易度の高さに、何度も受験を諦めかけました。しかし、我慢強く学習を積み重ねていくうちに、法律にはそれぞれバックボーンとなる制度趣旨があり、各試験科目には、コアとなる部分と派生的な部分があることに気づきはじめました。

　本書に記述した事柄は、各試験科目のコアとなる知識を凝縮したものです。その分量は、決して多いものではありません。しかし、本書の理解が100％でなければ、次に進んでも意味がないといえるだけのものを盛り込みました。「9割」ではいけません。「100％」でなければならないのです。

　読者のみなさんは、学習初日から試験当日まで、常に本書を携帯し、繰り返し学習を積み重ねてください。

　本書を制覇することで、多くの受験者が弁理士試験に見事合格し、知財分野の専門家として産業の発達に寄与する人材となってくれることを祈っています。

　また、本書は、弁理士試験だけでなく、知財管理技能検定その他各種試験や、企業法務の知財部門に勤めるビジネスマンにも、有益な知識を提供できるものと信じています。

　本書の執筆に当たっては、教え子でもある後輩弁理士をはじめ、多くの方々に支えていただきました。心から感謝申し上げます。

LEC 東京リーガルマインド専任講師

弁理士　佐 藤 卓 也

この本は、左ページに必須知識のまとめ、右ページには実際に出た過去問題と予想問題を○×形式にして登載した、見開き完結型の実践テキストです。

テーマ数は合格必須の最小限に厳選！

1 意匠の種類

必ず出る！基礎知識 目標 **6** 分で覚えよう

必須知識を2〜3行の箇条書き方式で！

1 意匠の種類

⑴意匠には、物品・建築物・画像の意匠がある。 注意点には傍点！

⑵意匠であるためには、①物品・建築物・画像（物品等）、②物品・建築物・画像自体の形状等であること（その形状等を維持することが可能なもの）、③視覚性・④美感性が必要である。

⑶物品等の一部も意匠であるが、物品等全体の形状等の中で一定の範囲を占める部分であることが必要である。

2 物品等とは

頭の整理に役立つ小項目主義！

⑷物品とは、有体物のうち、市場で流通する動産をいう。

⇨流通性がないものは、物品ではない。

⑸建築物とは、①土地の定着物であること、②人工構造物であることが必要であり、③土木構造物を含む。

⑹画像とは、①物品・建築物の一部でないこと、②操作画像・表示画像に該当することが必要である。

⇨物品・建築物の表示部に示された画像は、物品・建築物の部分として取り扱われる。 暗記シートで消せる！

⇨クラウド上や、物品以外に投影される画像も含まれる。

3 視覚性とは

⑺視認できないものは、意匠ではない。

⇨内部形状であっても、開いて取引する慣行がある場合は、視覚性を有する場合がある。

⇨小さい意匠であっても、拡大して観察することが通常である場合は、視覚性を有する場合がある。

基礎知識の暗記なくして、法律の理解はあり得ません。左ページをサッと読んだら、すぐに右ページの○×問題に取り組んでください。この繰り返しがあなたを合格に導きます。

学習日とそのときの正答数が
4回書き込める！

1テーマの学習時間は
左右合計10分を目標にしよう！

学習日	月 日	月 日	月 日	月 日
正答数	／8	／8	／8	／8

● 出た過去問！
  出る予想問！ 目標**4**分で答えよう

対応する左ページの要点番号を明示

過去問を選択肢単位に分解し、覚えやすい○×問題に！

☐ 意匠は有体物であることが必要であり、画像のみでは意匠に該当しない。[予想問]　　　　　　☞(1)答①×

☐ タイプフェイスは、意匠登録の対象となることがある。[H16-4]　　　　　　☞(2)答×

☐ 「建築用コンクリートブロック」の稜線のみを示したものは、面積を有しないものであるため、部分意匠とはならない。[予想問]　　　　　　☞(3)答○

☐ 蝶結びして乾燥させた麺は、意匠登録の対象となる。[H28-意匠1]　　　　　　☞(4)答○

☐ 自然物や地形等を意匠の主たる要素としているスキーゲレンデ、ゴルフコースは意匠登録の対象とはならない。[予想問]　　　　　　☞(5)答○

☐ テレビ番組の画像、映画、ゲームソフトを作動させることにより表示されるゲームの画像等は、機器の操作等に何ら関与し得ないので、意匠の保護対象にならない。[予想問]　　　　　　☞(6)答○

☐ ピアノの鍵盤部分は、蓋を開けなければ外部から見えないことから、いわゆる部分意匠として意匠登録の対象とならない。[H28-意匠1]　　　　　　☞(7)答×

☐ 肉眼によっては細部を認識できない電気接続端子の形状等は、意匠登録を受けることができる場合はない。[R1-意匠1改]　　　　　　☞(7)答×

ベースにした過去問の出題年度と問題番号を明示

著者によるオリジナル予想問題も掲載！

キーポイントには波線、誤りの部分には下線で明示！

はしがき
この本の使い方

第1章　意匠出願等

第2章　意匠の権利

第3章　意匠法上の不服申立て・ジュネーブの特則

第4章　商標出願等

第5章　商標の権利

第6章　商標法上の不服申立て

第7章　その他の商標

第1章

意匠出願等

1 意匠の種類

(1)意匠には、物品・建築物・画像の意匠がある。

(2)意匠であるためには、①物品・建築物・画像（物品等）、②物品・建築物・画像自体の形状等であること（その形状等を維持することが可能なもの）、③視覚性、④美感性が必要である。

(3)物品等の一部も意匠であるが、物品等全体の形状等の中で一定の範囲を占める部分であることが必要である。

2 物品等とは

(4)物品とは、有体物のうち、市場で流通する動産をいう。

⇨流通性がないものは、物品ではない。

(5)建築物とは、①土地の定着物であること、②人工構造物であることが必要であり、③土木構造物を含む。

(6)画像とは、①物品・建築物の一部でないこと、②操作画像・表示画像に該当することが必要である。

⇨物品・建築物の表示部に示された画像は、物品・建築物の部分として取り扱われる。

⇨クラウド上や、物品以外に投影される画像も含まれる。

3 視覚性とは

(7)視認できないものは、意匠ではない。

⇨内部形状であっても、開いて取引する慣行がある場合は、視覚性を有する場合がある。

⇨小さい意匠であっても、拡大して観察することが通常である場合は、視覚性を有する場合がある。

学習日	月　日	月　日	月　日	月　日
正答数	／8	／8	／8	／8

出た過去問！
出る予想問！ **目標4分で答えよう**

☐ 意匠は有体物であることが必要であり、<u>画像のみでは意匠に該当しない</u>。[予想問]　　　　　　　　　☞(1)答×

☐ <u>タイプフェイス</u>は、意匠登録の対象となることが<u>ある</u>。[H16-4]　　　　　　　　　　　　　　　　　　　　☞(2)答×

☐ 「建築用コンクリートブロック」の稜線のみを示したものは、面積を有しないものであるため、部分意匠とはならない。[予想問]　　　　　　　　　　　　　　☞(3)答○

☐ 蝶結びして乾燥させた麺は、意匠登録の対象となる。[H28-意匠1]　　　　　　　　　　　　　　　　　　☞(4)答○

☐ 自然物や地形等を意匠の主たる要素としているスキーゲレンデ、ゴルフコースは意匠登録の対象とはならない。[予想問]　　　　　　　　　　　　　　☞(5)答○

☐ テレビ番組の画像、映画、ゲームソフトを作動させることにより表示されるゲームの画像等は、機器の操作等に何ら関与し得ないので、意匠の保護対象にならない。[予想問]　　　　　　　　　　　　　　　　　☞(6)答○

☐ ピアノの鍵盤部分は、<u>蓋を開けなければ外部から見えない</u>ことから、いわゆる<u>部分意匠として意匠登録の対象とならない</u>。[H28-意匠1]　　　　　　　　☞(7)答×

☐ <u>肉眼によっては細部を認識できない</u>電気接続端子の形状等は、意匠登録を<u>受けることができる場合はない</u>。[R1-意匠1改]　　　　　　　　　　　　　☞(7)答×

必ず出る！基礎知識　**目標6分で覚えよう**

1 工業上の利用可能性(3条1項柱書)

(1)工業上の利用可能性(3条1項柱書)とは、同一物品等を複数製造・建築・作成し得ることをいう。

⇨現実に工業上利用されていることを要せず、その可能性を有していれば足りる。

⇨①自然物を意匠の主たる要素として使用したもので量産できないもの、②純粋美術の分野に属する著作物は、工業上利用可能性を有しない。

2 新規性(3条1項各号)

(2)「公然知られた」(3条1項1号)とは、現実に知られていることを意味する。したがって、守秘義務がある者に知られても「公然知られた」には該当しない。

⇨登録になっても、公報が発行されていない場合には、「公然知られた」意匠にはならない。

(3)公然知られた意匠(3条1項1号)の中に出願に係る意匠が含まれる場合は、各意匠が重畳的に公知になったと解されることから、3条1項が適用され、登録にならない。

⇨例えば、①完成品が公知で部品を出願した場合は3条1項に該当するが、②部品が公知で完成品を出願しても、3条1項には該当しない。③公知意匠と出願意匠の物品等が非類似の場合には、3条1項の適用はない。

3 意匠の類否(3条1項3号)の判断権者

(4)意匠の類否の判断権者は、需要者である(24条2項参照)。

学習日	月 日	月 日	月 日	月 日
正答数	／6	／6	／6	／6

出た過去問！出る予想問！ 目標**4**分で答えよう

❏ さくら貝と巻貝の貝殻をそのまま用いて、交互に多数繋げたネックレスは、意匠登録の対象となる。[H30- 意匠 1]
☞(1)答○

❏ バラの造花は、自然物の形状、模様、色彩を模したものであるから、意匠登録の対象となることはない。[H16-4]
☞(1)答×

❏ 登録意匠公報の発行日前の登録意匠については、意匠権の設定の登録がされたことのみをもって、意匠法第3条第1項第1号の適用の基礎となる公然知られた意匠として取り扱われることはない。[H23-47]
☞(2)答○

❏ デザイン学科の学生が演習の課題として自ら意匠を創作しその担当教授に提出した後、その学生がその意匠登録出願をしたとき、その意匠は、公然知られたものとして意匠登録を受けることができないとは限らない。[H13-18]
☞(2)答○

❏ 「のこぎり」の柄の部分の部分意匠イの意匠登録出願について、その出願前に「のこぎり用柄」の意匠ロが公然知られたものであって、イとロの形状が相互に類似しているときは、イは、意匠法第3条第1項第3号の規定により意匠登録を受けることができない。[H21-11]
☞(3)③答×

❏ 公知意匠と類似するか否かの判断権者は、需要者である。
[予想問]
☞(4)答○

1 創作非容易性 (3条2項)

⑴3条2項は、日本国内又は外国において公然知られ、頒布された刊行物に記載され、又は電気通信回線を通じて公衆に利用可能となった形状等又は画像から容易に創作できる場合に適用される。

⇨引例は意匠である必要はないし、非類似でもかまわない。刊行物等で知られ得る状況でも引例となり得る。

2 容易に意匠の創作をすることができる意匠の例

⑵「容易に創作できる場合」とは、ありふれた手法による場合や、軽微な改変(例角部及び縁部の単純な隅丸化又は面取や模様等の単純な削除)をいう。

⇨ありふれた手法には、①置換、②寄せ集め、③一部の構成の単なる削除、④配置の変更、⑤構成比率の変更、⑥連続する単位の数の増減、⑦物品等の枠を超えた構成の利用・転用などがあげられる。

3 創作非容易性 (3条2項) の判断権者

⑶創作非容易性の判断権者は、当業者である。

4 新規性と創作非容易性との関係

⑷3条1項各号の規定は、公知等の意匠と出願に係る意匠との関係を見る規定であり、両意匠に係る物品等が同一又は類似でなければ、新規性は喪失しない。

⑸3条2項は、物品等との関係は問わず、3条1項と2項の両者に該当した場合は、3条1項が適用される。

⑹3条2項の引例となる画像は、操作用画像及び表示画像以外の場合もあり得る(2条1項かっこ書)。

学習日	月 日	月 日	月 日	月 日
正答数	／7	／7	／7	／7

○ 出た過去問！出る予想問！ 目標**4**分で答えよう ○

❏ 3条2項に該当するためには引例の形状や画像が、<u>知られていなければならない</u>。［予想問］　　　☞⑴答×

❏ 出願意匠が公知意匠と同一又は類似でない場合でも、3条2項で拒絶となる場合がある。［予想問］　　　☞⑴答○

❏ 公知のなべの蓋を、ほとんどそのまま他のなべ用蓋に置き換えたにすぎないなべの意匠は、置換の意匠であるとして3条2項で拒絶される場合がある。［予想問］　　　☞⑵答○

❏ 3段組の公知の警告灯を2段組にしたにすぎない警告灯は、連続する単位の数の増減による意匠であり3条2項で拒絶される。［予想問］　　　☞⑵答○

❏ 意匠に係る物品aとbとの間に当業者にとって転用の商慣行がある場合においては、bの意匠に当業者にとって商慣行として通常なされる程度を超えた変形がなされていたとき、その意匠について意匠登録を受けることができる場合がある。［H20-46］　　　☞⑵答○

❏ <u>意匠法第3条第2項に規定される創作非容易性は、需要者を主体として判断される。</u>［H23-47 改］　　　☞⑶答×

❏ 意匠登録出願に係る意匠イが、公然知られた意匠に類似するものであり、かつ、当該出願前にイの属する分野における通常の知識を有する者が容易に意匠の創作をすることができたものであるとき、イは、意匠法第3条第1項第3号に該当し、意匠登録を受けることができない。［H12-32 改］　　　☞⑸答○

4 準 公 知

1 準公知の適用要件 (3条の2本文)

(1) 3条の2 (準公知) の規定は、後願の出願後に、先願が意匠公報 (20条3項、66条3項) に掲載された場合に適用される。

⇨ 同日出願の場合は、適用されない。

⇨ 後願の前に先願の内容が公報掲載された場合は、適用されない。

⇨ 先願の拒絶査定が確定した場合 (同日出願で協議不調等の場合) でも、引用例となり得る。

⇨ 取下げ等により公報掲載されない場合、3条の2の適用はない。

(2) 3条の2 (準公知) の規定は、意匠公報に掲載された先願の意匠の一部と同一又は類似の後願に適用される。

⇨ 先願の意匠全体と同一又は類似の場合は、9条が適用される。

2 適用除外等 (3条の2但書)

(3) 先願と後願の出願人が同一の場合は、後願が先願の公報発行日前までに出願されたものであれば、3条の2は適用されない (3条の2但書)。

⇨ 特29条の2の規定と異なり、①出願人同一の判断時は、後願の査定時である。②創作者同一の場合でも適用される。

⇨ 3条の2本文は、公報発行日まで適用され得る。

学習日	月　日	月　日	月　日	月　日
正答数	／6	／6	／6	／6

出た過去問！ 出る予想問！ 目標 4 分で答えよう

❏ 部分意匠イの意匠登録出願前に、イを含む全体意匠を現した登録意匠ロが意匠公報に掲載されていたとき、イは意匠法第3条の2の規定により意匠登録を受けることができない。ただし、それぞれの出願人は異なる者である者とする。[H15-42 改]　　　　☞(1)答×

❏ 先願が拒絶査定確定した場合でも、意匠法第3条の2の引用例となる場合がある。[予想問]　　　　☞(1)答○

❏ 他人の意匠イに係る意匠登録出願の出願の日後に、イの一部に類似する部分意匠ロが出願され、イに係る出願が取り下げられた。ロに係る出願は、イの存在を理由に意匠法第3条の2で拒絶されない。[H24-48 改]　　　　☞(1)答○

❏ 意匠登録出願Aに係る「自動車用バンパー」の意匠イが、Aの出願の日前に出願され、Aの出願後に意匠公報に掲載された他人の部分意匠の意匠登録出願Bの図面に破線によって表された自動車の全体図に含まれるバンパー部分と類似であるとき、イについて意匠登録を受けることができない。[H20-7]　　　　☞(2)答○

❏ 意匠登録出願Aに係る「冷蔵庫」の取っ手部の部分意匠イが、Aの出願の日前に出願され、Aの出願の日に発行された意匠公報に掲載された自己の意匠登録出願Bに係る「冷蔵庫」の意匠の一部と類似であるとき、部分意匠イは意匠登録を受けることができない。[H22-37]　　　　☞(3)答○

❏ 意匠法第3条の2（準公知）の規定は、創作者が同一の場合でも適用され、登録を受けることができない。[予想問]　　　　☞(3)答○

5 新規性喪失の例外⑴：要件・効果

1　意に反する公知の要件 (4条1項)

(1)意匠登録を受ける権利を譲渡した後、その譲渡人が公知にすることは、意に反する公知 (4条1項) である。

(2)意匠登録を受ける権利を有しない者が公知にした後、その者と共に意匠登録出願をする場合は、意に反する公知 (4条1項) にも、行為に起因した公知 (4条2項) にも該当しない。

2　行為に起因した公知の要件 (4条2項)

(3)公報に掲載された場合 (4条2項かっこ書) は、新規性喪失の例外の規定の適用を受けることができない。

(4)自己の行為により自己の創作による意匠が公知になった後、別個に創作された他人の意匠が公知になった場合には、新規性喪失の例外の規定の適用を受けることがない。

3　効　　果

(5)新規性喪失の例外の適用の要件を満たす場合、公開された意匠は、出願に係る意匠についての3条1項・2項の適用において、3条1項1号・2号に該当するに至らなかったものとみなされる (4条1項・2項)。

(6)出願日が遡及するわけではない。

⇨他人の先願意匠が存する場合は、拒絶されることがある。但し、当該先願意匠が自己の公知意匠により拒絶された場合には、先願の地位がなく、登録される場合がある。

学習日	月 日	月 日	月 日	月 日
正答数	／4	／4	／4	／4

出た過去問！
出る予想問！ 目標 **4** 分で答えよう

❑ 甲は、独自に創作をした意匠イについての意匠登録を受ける権利を乙に譲渡した後、イを自ら刊行物に公表した。その後、乙が、イについて意匠登録出願Aをしたとき、乙は、Aに係るイについて意匠登録を受けることができる場合がある。[H7-34] ☞(1)(5)答○

❑ 甲が独自に意匠イを創作した後、乙の行為のみに起因してイが外国において公然知られるに至った。その後、甲がイについての意匠登録を受ける権利の一部を乙に譲渡し甲、乙が共同してイについて意匠登録出願Aをしたとき、Aに係るイについて、甲、乙が共同して意匠登録を受けることができる場合がある。[H9-9] ☞(2)答×

❑ 甲がX国に意匠イについて意匠登録出願Aをし、意匠登録を受け、X国の公報が発行された。公報発行から1年以内に日本に出願をする場合でも、新規性喪失の例外適用（4条2項）を受けることはできない。[予想問] ☞(3)答○

❑ 甲が、意匠イを公知にして、その5月後にイについて、新規性喪失の例外の規定の適用を受ける旨の主張をして意匠登録出願Aをした。Aの出願の3月前に、乙は、イと類似する意匠ロについて意匠登録出願Bをしていた。このとき、甲がイについて意匠登録を受けることができる場合はない。
[H26-7] ☞(5)(6)答×

6 新規性喪失の例外⑵：手続

必ず出る！基礎知識 目標 **6** 分で覚えよう

1 手続の期間

⑴公知となった意匠（3条1項各号）は、公知日から1年以内に出願しなければならない。

⇨「公知事実を知った日から1年」ではない点に注意。

⇨パリ優先権主張を伴う場合でも、実際の公知日から1年以内に出願をしなければならない。

⑵公知になったものは、意匠でなければならない。

⇨公知形態（意匠を除く）では、新規性喪失の例外の規定の適用を受けることができない。

⇨したがって、意匠ではない風景画や写真が公知になった場合、新規性喪失の例外の適用を受けることはできない。

⑶意に反して公知となった場合（4条1項）は、公知日から1年以内に出願をしていれば足りる。

⑷行為に起因して公知となった場合（4条2項）は、公知日から1年以内に出願をし、その旨を記載した書面を出願と同時に提出し、かつ、証明書を出願から30日以内に提出しなければならない（4条3項）。

⇨証明書の提出期間（30日）については、不責事由による追完がある（4条4項）。追完は、その理由がなくなった日から14日（在外者は2月）以内で、その期間の経過後6月以内に行う必要がある。

⇨国際意匠登録出願の場合は、「国際公表があった日後経済産業省令で定める期間内」に、その旨・証明書を提出できる（60条の7）。

新規性喪失の例外(2)‥手続

学習日	月 日	月 日	月 日	月 日
正答数	／4	／4	／4	／4

出た過去問！
出る予想問！ **目標4分で答えよう**

❏ 意匠登録を受ける権利を有する者の意に反して意匠法第3条第1項第2号に該当するに至った意匠について、その者が、その該当するに至った<u>事実を知った日から1年以内に</u>意匠登録出願をすれば、その意匠について、<u>常に</u>、意匠法第4条第1項（意匠の新規性の喪失の例外）の規定の適用を受けることができる。[H16-8 改]　　☞(1)🅰×

❏ 甲が自ら描いた風景画を展示会に出展した後、その絵画をハンカチに複製プリントした自己の意匠について意匠登録出願をするとき、甲はその絵画について<u>意匠法第4条第2項の規定の適用を受けることができる場合がある。</u>[H12-23]
☞(2)🅰×

❏ 意匠イに係る意匠登録出願Aをした甲は、イが意匠法第3条第1項第2号に規定する意匠に該当するとの拒絶理由の通知をAの出願の日から9月後に受けた。当該通知からイが甲の意に反してAの6月前に公知となっていたことを知った場合、<u>4条3項の手続は不要である。</u>[H17-56 改]
☞(3)🅰○

❏ 甲は、独自に創作した意匠イを自ら刊行物に公表した後、イについて意匠登録出願Aをした。甲は、イについて新規性喪失の例外の規定の適用を受けようとするとき、Aと同時にその旨を記載した書面を特許庁長官に提出し、イがその規定の適用を受けることができる意匠であることを証明する書面を原則Aの出願の日から30日以内に特許庁長官に提出しなければならない。[H18-21 改]　　☞(4)🅰○

1 **出願日が異日の場合**（9条1項）

(1)異日に同一又は類似する意匠登録出願があった場合は、最先の出願人が意匠登録を受けることができる。

⇨9条は、出願人同一でも適用がある。この場合、関連意匠に補正をすれば、双方を権利化できる。

(2)9条は、類似範囲についても判断する。但し、意匠の登録要件においては、出願された意匠が先願の意匠等と類似しないことが求められているのみであって、出願された意匠の類似範囲は、審査の対象とならない。

⇨全体意匠と部分意匠との間で類似する場合がある。

2 **出願日が同日の場合**（9条2項・4項・5項）

(3)同日に同一又は類似する意匠登録出願があった場合、特許庁長官は、出願人に協議命令をしなければならない。

⇨出願日が異日である(1)の場合、協議命令はされない。

⇨協議結果の届出がない場合、特許庁長官は、協議不成立とみなすことができるが、一方が取下げ等されて登録を受けることができる場合がある。

3 **先願の地位**

(4)出願が放棄・取下げ・却下・拒絶査定審決確定となった場合、出願には、先願の地位（後願排除効）が残らない。

⇨意匠登録の無効審決確定（49条）、意匠権の放棄の場合は、先願の地位が残る。

(5)出願日が同日の場合で協議不調・不能により拒絶査定が確定した場合は、先願の地位が残る（9条3項但書）。

⇨そのため、66条3項により、公報に掲載される。

学習日	月　日	月　日	月　日	月　日
正答数	／5	／5	／5	／5

出た過去問！
出る予想問！　**目標4分で答えよう**

❏ 先願意匠イの類似範囲に、後願意匠ロが含まれる場合、意匠イに係る意匠登録出願の出願人と意匠ロに係る意匠登録出願の出願人が同一であれば、先願意匠イの存在を理由として、意匠ロに係る出願が拒絶されることはない。[H30-意匠6]　☞(1)(2)答✕

❏ 特許庁長官は、同一又は類似の意匠について異なった日に2つの意匠登録出願があったときは、相当の期間を指定して、協議をしてその結果を届け出るべき旨を意匠登録出願人に命じなければならない。[H22-49]　☞(3)答✕

❏ 甲が意匠イについて意匠登録出願Aをし、同日に乙がイと類似する意匠ロについて意匠登録出願Bをした場合において、特許庁長官が意匠法第9条第4項の規定に基づき甲及び乙に同条第2項の協議を命じたが同条第4項の規定により指定した期間内に同項の規定による届出がなかったときは、甲はイについて意匠登録を受けることができる場合はない。[H16-8]　☞(3)答✕

❏ 先願意匠イの類似範囲に、他人が出願した後願意匠ロが含まれる場合で、意匠イに係る出願が放棄された場合、意匠ロが登録されることはない。[H30-意匠6改]　☞(4)答✕

❏ 意匠イに係る意匠登録出願Aと意匠ロに係る意匠登録出願Bとが同日の出願であって、意匠法第9条第2項に規定する協議が成立せず、出願A、B共に拒絶をすべき旨の査定が確定した場合、その後に出願された意匠イに類似する意匠ハは登録されない。[H30-意匠6改]　☞(5)答〇

8 意匠登録出願

1 願書の記載（6条等）

(1)願書には、意匠登録出願人の氏名又は名称等の記載を要する。しかし、創作者については、氏名の記載は要するが、名称の記載は要しない（6条1項1号・2号）。

⇨これは、法人が創作者にはなれないことを意味する。

(2)願書の記載事項には、①意匠に係る物品又は意匠に係る建築物・画像の用途、②意匠に係る物品の説明等がある。

⇨物品の区分表は廃止されたので、区分表に従って記載する必要はない。

(3)関連意匠にのみ類似する意匠を出願する際には、基礎意匠ではなく、本意匠とみなされた関連意匠の番号を願書に記載しなければならない（意匠施規様式第2備考7）。

2 願書の記載（その他）

(4)当業者が、物品又は建築物の材質等を理解できないことにより、意匠が認識できない場合には、物品又は建築物の材質等を願書に記載しなければならない（6条3項）。

⇨見本の場合は、記載する必要はない。

⇨画像の場合は、記載する必要はない。

(5)動的意匠の場合は、その旨及びその物品等の機能の説明を願書に記載しなければならない（6条4項）。

⇨動きの前後が明瞭である場合には、図面を省略できる場合がある。

(6)図面等に意匠の色彩を付するときは、白色・黒色のうち1色について、彩色を省略できる（6条5項）。

学習日	月 日	月 日	月 日	月 日
正答数	／7	／7	／7	／7

● 出た過去問! 出る予想問! **目標 4 分で答えよう** ●

❏ デザイン事務所等の法人が、その組織全体が関与して創作した意匠について意匠登録出願をするときは、その意匠登録出願の願書の意匠の創作をした者の欄には、<u>当該法人の名称又は住所を記載することができる</u>。[S 62-23] ☞(1)答×

❏ 意匠登録出願の願書には、<u>経済産業省令別表の区分に従って</u>、物品の名称、建築物・画像の用途を記載しなければならない。[予想問] ☞(2)答×

❏ 関連意匠にのみ類似する意匠の出願を行う場合には、関連意匠の出願は基礎意匠の意匠登録出願の日から 10 年を経過する日前にする必要があるため、<u>基礎意匠の表示を記載しなければならない</u>。[予想問] ☞(3)答×

❏ 願書の意匠に係る物品の記載又は願書に添付した<u>図面など</u>によっては、その意匠を認識することができないときは、<u>常に、その意匠に係る物品の材質又は大きさを願書に記載しなければならない</u>。[H14-2 改] ☞(4)答×

❏ 画像の意匠については、その材質又は大きさを理解することができないためその意匠を認識することができない場合は、その画像の材質、大きさを願書に記載しなければならない旨の規定はない。[予想問] ☞(4)答○

❏ 意匠に係る物品の形状がその物品の有する機能に基づいて変化する場合においては、その変化の図面を省略できる場合がある。[H14-2 改] ☞(5)答○

❏ 願書に添付する図面に当該意匠の色彩を付するときは、彩色を省略することができる場合がある。[H24-23] ☞(6)答○

9 一意匠一出願の原則・優先期間

1 一意匠一出願の原則・優先期間

(1)意匠登録出願は、経済産業省令で定めるところにより、意匠ごとにしなければならない (7条)。

⇨物品の区分に従い意匠登録出願をする必要はなくなった。

(2)「一意匠」の対象となる「一物品」「一建築物」「一画像」の基準について、経済産業省令で定められる。

(3)一の願書による複数の意匠についての意匠登録出願が認められる。

⇨同一のコンセプトに基づく形状や模様を別々の物品 (例コーヒー椀・湯飲み・コップ) に応用する場合等は、一出願ができる場合がある。

(4)「意匠に係る物品」の欄の記載のみでは意匠に係る物品等の用途等が認定できなくても、願書の記載及び図面等から用途等が認定できる場合は、用途が明確である。

(5)一意匠一出願 (7条) は、拒絶理由ではあるが、無効理由とはならない。

2 優先期間

(7)優先期間 (第一国出願の日から6月) 内に日本への出願をしていることが必要である (パリ4条C(1))。

(8)期間経過に正当理由がある場合には、上記期間を経過しても、優先権の主張ができる (準特43条の2)。

(9)第一国出願が特許又は実用新案登録出願で、我が国で特許又は実用新案登録出願をし、これを意匠に変更した場合でも、優先期間は6月である。

⇨正当理由があれば別である。

1章

一 意匠 一 出願の原則・優先期間

出た過去問！出る予想問！ 目標 **4** 分で答えよう

❏ 意匠登録出願は、<u>経済産業省令で定める区分に従ってしな</u>ければならいと規定されている。［予想問］　☞(1)答×

❏ 一意匠の基準（一物品等の基準）は、経済産業省令で定める。［予想問］　☞(2)答○

❏ 一の願書では、審査の便宜及び権利の明確化の観点から<u>一の意匠しか出願をすることができない</u>。［予想問］　☞(3)答×

❏ 「意匠に係る物品」の欄の記載のみでは意匠に係る物品等の用途等が認定できない場合は、常に、<u>意匠が不明確であり、意匠ごとの出願と認められることはない</u>。［予想問］
　☞(4)答×

❏ 7条違反は手続上の不備があるのみであり、直接的に第三者の利益を著しく害さないため拒絶理由であるが、無効理由とはならない。［予想問］　☞(5)答○

❏ 意匠登録出願の優先期間は第一国出願日から6月であり、<u>これを超えてできる場合はない</u>。［予想問］　☞(7)(8)答×

❏ 優先期間（第一国出願から6月）を超えて優先権を主張するためには、出願人に<u>不責事由</u>が必要である。［予想問］
　☞(8)答×

❏ 甲が、パリ条約の規定による優先権を主張して当該優先権の基礎となる<u>出願の日から9月後</u>に実用新案登録出願Aをし、その後Aを意匠登録出願Cに変更した場合、<u>Cにかかる優先権は有効である</u>。但し、甲には正当理由はないものとする。［H9-50改］　☞(9)答×

優先権主張に関する手続・指定期間経過後の救済

必ず出る！基礎知識　目標 **6** 分で覚えよう

1　優先権主張に関する手続

(1)優先権主張書面は、意匠登録出願と同時に、特許庁長官に提出しなければならない（15条1項で特許法を読替え）。

⇨特許のように経済産業省令で定める期間（優先日から1年4月以内）ではない点に注意。

(2)優先権証明書は、意匠登録出願の日から3月以内に、特許庁長官に提出しなければならない。

⇨特許のように優先日から1年4月以内ではない点に注意。

(3)優先権書類の電子的交換をするために必要な事項を記載した書面の提出をもって、優先権証明書に代えることができる場合がある。

(4)優先権証明書又は上記(3)の書面の提出が、上記(2)の定められた期間内になされない場合、特許庁長官から優先権証明書の提出がない旨の通知がなされ、経済産業省令で定める期間に優先権証明書又は上記(3)の書面の提出ができる。

⇨さらに、不責事由による追完が認められる。

(5)組物の意匠については、第一国においてその構成物品等が一意匠として出願されている場合にのみ、パリ条約による優先権等の主張の効果が認められる。

2　指定期間経過後の救済

(6)指定期間（例意見書提出期間・補正書提出期間）経過後でも、請求により指定期間の延長があれば、手続ができる場合がある。

⇨期間経過後に職権で延長される場合はない。

学習日	月 日	月 日	月 日	月 日
正答数	／8	／8	／8	／8

出た過去問！　出る予想問！　目標 **4** 分で答えよう

❏ 意匠登録出願の優先権主張書面は、経済産業省令で定める期間（優先日から1年4月以内）に、特許庁長官に提出しなければならない。[予想問]　　☞(1)答×

❏ 意匠登録出願の優先権証明書の提出期間は、優先日から1年4月以内である。[予想問]　　☞(2)答×

❏ 特許庁長官に優先権証明書を提出しなくても、優先権が有効である場合がある。[予想問]　　☞(3)答○

❏ 出願日から3月以内に優先権証明書等を提出しない場合には、その旨の通知がなされる。[予想問]　　☞(4)答○

❏ 優先権証明書の提出がされていない旨の通知がなされた場合、その応答期間を超えて優先権証明書を提出できる場合がある。[予想問]　　☞(4)答○

❏ 組物の意匠の意匠登録出願は、パリ条約の同盟国においてその構成物品すべてが一出願されていなければ、パリ条約による優先権の主張の効果が認められる場合はない。[H21-14]　　☞(5)答○

❏ 審査官が拒絶理由通知の応答期間として指定した期間の経過後であっても、出願人が意見書の提出をできる場合がある。[予想問]　　☞(6)答○

❏ 審査官が拒絶理由通知の応答期間として指定した期間を経過した場合に意見書を提出するためには、出願人の請求による延長が必要である。[予想問]　　☞(6)答○

1 組物の成立要件(8条)

(1)組物の意匠（8条）として登録が認められるためには、次の要件を満たす必要がある。

①同時に使用される2以上の物品等であって経済産業省令で定めるものであること。同一物品等でもよい。

⇨組物は、物品の組合せだけではなく、建築物・画像及びこれらの組合せからなる場合もある。

⇨建築物を含む場合は「一組の建築物」、画像と物品からなる場合は当該物品が属する組物の意匠を記載する。

②組物全体として統一があること。

(2)組物全体として統一があると認められる場合としては、次のものがある（審査基準）。

①各構成物品等の形状・模様・色彩又はこれらの結合が、同じような造形処理で表されている場合。

②各構成物品等により組物全体として一つのまとまった形状・模様が表されている場合。

③各構成物品等の形状・模様・色彩又はこれらの結合によって、物語性など組物全体として観念的に関連がある印象を与えるものである場合。

2 各構成物品との関係

(3)組物の登録要件は、組物の意匠全体で判断する。

⇨構成物品等ごとに登録要件が課されるものではない。

(4)組物の意匠について拒絶理由があっても、個々の構成物品等に拒絶理由がなければ、別途出願をすることで登録になる場合がある。

学習日	月 日	月 日	月 日	月 日
正答数	／5	／5	／5	／5

出た過去問！
出る予想問！ **目標4分で答えよう**

❑ 意匠登録出願に係る二以上の物品が同一物品で構成された意匠は、組物の意匠として意匠登録を受けることができる場合はない。[H11-16] ☞(1)答×

❑ 願書に添付した図面等に、一の物品しか記載されていなければ、組物の意匠として意匠登録を受けることができる場合はない。[H21-14] ☞(1)答○

❑ 一組の食品セットにおいて、個々の物品にそれぞれ「松」、「竹」、「梅」の模様のみをあらわし、同一の模様を施さない場合は、一意匠として意匠登録を受けることができる場合はない。[H21-14] ☞(2)答×

❑ 組物の意匠登録において、組物の意匠全体について登録要件を満たしていれば、組物を構成する個々の物品の意匠は、登録要件を満たす必要はない。[H30-意匠2] ☞(3)答○

❑ 組物の意匠登録出願について、公然知られた意匠に類似することを理由として、拒絶をすべき旨の査定を受けたとき、その組物の構成物品の一つの意匠について、新たな意匠登録出願をして意匠登録を受けることができる場合がある。[H22-2] ☞(4)答○

12 組物の意匠⑵／内装の意匠

必ず出る！基礎知識　目標 6 分で覚えよう

1 組物と部分意匠
(1)組物の部分意匠も、登録が可能である。

2 組物の意匠権と権利行使
(2)組物を構成する1つの物品等に係る意匠を意匠権者に無断で実施したとしても、組物の意匠権の侵害(23条)にはならない。

(3)判定請求は、組物の構成物品等ごとにはできない。

3 組物の意匠権と権利活用
(4)専用実施権の設定・通常実施権の許諾は、組物の構成物品等ごとにはできない。

(5)移転は、組物の構成物品等ごとにはできない。

(6)質権の設定は、組物の構成物品等ごとにはできない。

4 内装の意匠(8条の2)
(7)内装の意匠は、一意匠として出願・登録できる。その要件は、以下のとおりである。

①店舗、事務所その他の施設の内部であること。

⇨施設には、不動産に加え、動産(車両等)も含まれる。

⇨付随的に、施設の外部が含まれていてもよい。

②複数の意匠法上の物品等で構成されるものであること。

③内装全体として統一的な美感を起こさせること。

⇨組物の統一性の概念の他に、構成物等を統一的な秩序に基づいて配置したもの、内装の意匠全体が一つの意匠としての統一的な創作思想に基づいて創作されており、全体の形状等が視覚的に一つのまとまりある美感を起こさせるもの等が含まれる。

◎ 出た過去問！出る予想問！ 目標 **4** 分で答えよう ◎

❏ 「一組の飲食用具セット」の構成物品の表面の花柄模様が、全体として統一があるとき、その部分の花柄模様に係る部分意匠について、組物の意匠として意匠登録を受けることができる場合がある。[H16-16 改]　☞(1)答○

❏ 組物の意匠の意匠権は、その<u>組物を構成する物品の意匠ごとに効力を有する</u>。[S58]　☞(2)答×

❏ 意匠登録を受けている組物の意匠の構成物品の１つの意匠、及びこれに類似する意匠について<u>判定を求めることができる</u>。[H5-44]　☞(3)答×

❏ 意匠権者は当該組物の意匠権についてその<u>組物を構成する物品の意匠ごとに専用実施権を設定することができる</u>。[H3-9]　☞(4)答×

❏ スプーン、フォーク、ナイフ等を構成物品とする「一組の飲食用具セット」の組物に係る意匠権は、<u>その構成物品の意匠ごとに分けて移転することができる</u>。[H14-5 改]　☞(5)答×

❏ 8条の2の内装は、不動産の内装を意味し、自動車のような動産の内装は含まれない。[予想問]　☞(7)答×

❏ 内装の意匠は、個々の物品等に共通の形状や模様が施されていない場合でも統一性が認められ、一意匠として出願し登録を受けることができる場合がある。[予想問]　☞(7)答○

必ず出る！基礎知識 目標6分で覚えよう

1 用語の整理

(1)本意匠のうち最初に選択されたもの、すなわち、「本意匠」であって他の意匠の関連意匠でないものを、<u>基礎意匠</u>という（10条7項）。

(2)基礎意匠の関連意匠及び当該関連意匠に連鎖する段階的な関連意匠を、<u>基礎意匠に係る関連意匠</u>という。

2 主体的要件

(3)本意匠と<u>同一の意匠登録出願人</u>による意匠登録出願であることが必要である（10条1項）。

⇨審査における判断は<u>査定時</u>であるが、意匠権の<u>設定の登録時</u>においても同一であることを要する。

⇨創作者の同一性は、必要でない。

3 客体的要件

(4)本意匠と関連意匠とが<u>類似</u>であることが必要である。

⇨<u>全体意匠</u>と<u>部分意匠</u>の場合でも、類似であれば、関連意匠としての登録を受けることができる場合がある。

(5)関連意匠の意匠権の<u>設定の登録</u>の際に、その本意匠の意匠権が消滅していてはならない（10条1項但書）。

(6)本意匠に<u>専用実施権</u>が設定されている場合には、関連意匠の登録は認められない。

⇨本意匠に通常実施権が許諾されていても、関連意匠の登録に影響しない。当該専用実施権の<u>抹消登録</u>がなされた場合は、関連意匠を登録することが可能である。

4 時期的要件

(7)基礎意匠の出願日から<u>10</u>年は、関連意匠の出願ができる。

学習日	月 日	月 日	月 日	月 日
正答数	／8	／8	／8	／8

◎ 出た過去問！ 出る予想問！ 目標 **4** 分で答えよう ◎

❏ 「本意匠」であっても、基礎意匠とならないものがある。［予想問］ ☞(1)答○

❏ 基礎意匠の関連意匠のみを、基礎意匠に係る関連意匠という。［予想問］ ☞(2)答×

❏ 関連意匠は本意匠と出願人同一の場合に限り登録され、その判断時は審査の原則時である査定時であれば足りる。［予想問］ ☞(3)答×

❏ 部分意匠と全体意匠は類否判断の対象であり、本意匠と関連意匠の関係になる場合がある。［予想問］ ☞(4)答○

❏ 関連意匠の設定登録時に、本意匠の意匠権が放棄等により消滅していた場合には、関連意匠の意匠登録出願は意匠登録を受けることができない。［予想問］ ☞(5)答○

❏ 本意匠の意匠権について通常実施権を許諾したときは、当該本意匠に係る関連意匠について意匠登録を受けることができない。［H22-42］ ☞(6)答×

❏ 自己の登録意匠イに係る意匠権に専用実施権が設定された場合、その後、意匠イに類似する意匠ロについて関連意匠の意匠登録を受けることができる場合はない。［H19-25］ ☞(6)答×

❏ 本意匠の意匠登録出願の出願後、その本意匠の意匠公報の発行の日前に限り、同一の者が出願した本意匠に類似する意匠は、関連意匠として意匠登録を受けることができる。［H23-6 改］ ☞(7)答×

14 関連意匠⑵

1 先後願（9条の適用について）

(1)関連意匠（第1関連意匠）にのみ類似する意匠も、当該関連意匠を本意匠とみなして登録される（10条4項）。

⇨上記登録された関連意匠（第2関連意匠）にのみ類似する関連意匠も、第2関連意匠を本意匠とみなして登録される。

(2)基礎意匠の意匠権が消滅した場合でも、本意匠とみなされた関連意匠の意匠権が存続しているときは、意匠法9条1項・2項の規定を適用しない。

⇨但し、基礎意匠が公知となっている場合には、基礎意匠が3条の引例となる場合がある。

(3)基礎意匠が共通する関連意匠全てについて、先後願関係は考慮しない（10条7項）。

2 新規性等の救済

(4)公知となった自己の本意匠は、新規性・創作非容易性の要件の判断において、公知意匠となるに至らなかったものとみなされる（10条2項）。

⇨他人の公知意匠は、新規性・創作非容易性の引例となる。

(5)基礎意匠が共通する関連意匠全てについては、新規性・創作非容易性の引例にはならない（10条8項）。

⇨関連意匠のうち、放棄等によって消滅した意匠は、新規性・創作容易性の引例となり得る。

3 関連意匠の意匠権侵害

(6)関連意匠にのみ類似する意匠を権原なき第三者が業として実施している場合は、関連意匠の意匠権侵害となる。

学習日	月 日	月 日	月 日	月 日
正答数	／6	／6	／6	／6

出た過去問！
出る予想問！ **目標4分で答えよう**

❏ 自己の関連意匠にのみ類似する意匠については、意匠登録を受けることが<u>できない</u>。［予想問］　　☞(1)🈷×

❏ 基礎意匠の意匠権が放棄等された場合でも、基礎意匠に類似する関連意匠（みなし本意匠）の意匠権が存する場合には、みなし本意匠に類似する関連意匠は登録になる場合がある。［予想問］　　☞(2)🈷○

❏ 本意匠Aに複数の関連意匠B・Cが登録されており、その両方に類似するDを関連意匠Bの関連意匠として出願した場合、Cを引例に9条1項の適用は受けない。［予想問］
☞(3)🈷○

❏ 販売等によって公知となった自己の本意匠は、新規性及び創作非容易性の要件の判断においては、公知意匠となるに至らなかったものとみなされる。［予想問］　☞(4)🈷○

❏ 基礎意匠が共通の関連意匠Aと関連意匠Bとは類似である。関連意匠Aは関連意匠Bの出願前に販売により公知となったが、登録前に放棄された。この場合、関連意匠Bは登録を受けることができない。なお、新規性喪失の例外（4条）の適用はないものとする。［予想問］　　☞(5)🈷○

❏ 甲は「はさみ」の意匠イについて出願し、その後、意匠イに類似する「はさみ」の意匠ロを、意匠イを本意匠とする関連意匠として出願し、意匠イ、意匠ロともに意匠権の設定の登録を受けた。その後、乙が、意匠ロには類似するが意匠イには類似しない意匠の「はさみ」を製造販売した。甲は乙に対して意匠ロに係る意匠権に基づき権利行使をすることができる。［R1-意匠9改］　　☞(6)🈷○

1 秘密意匠の主体的要件

(1)秘密請求ができるのは、<u>意匠登録出願人</u>である（14条1項）。

⇨<u>意匠権者・利害関係人</u>は、秘密請求できない。

(2)秘密期間の延長・短縮の請求ができるのは、<u>意匠登録出願人・意匠権者</u>である（14条3項）。

⇨共有の場合は、<u>各人が単独</u>で期間の延長・短縮の請求をすることができる（準特14条参照）。

⇨<u>実施権者</u>は、秘密期間の延長・短縮の請求をすることができない。

2 秘密意匠の客体的要件

(3)秘密請求は、<u>新規性喪失の例外</u>の規定（4条）の適用を受けた意匠であっても、することができる。

(4)秘密請求は、分割・変更出願、補正後の意匠についての新出願の場合には、<u>第1年分の登録料の納付</u>と同時にすることができる。

⇨出願公開されている特許出願を意匠登録出願に変更した場合でも、秘密請求できる場合がある。

⇨遡及効（10条の2第2項等）により、<u>出願</u>と同時に秘密請求することはできない。

(5)関連意匠の場合は、<u>一部の関連意匠のみ</u>又は<u>本意匠のみ</u>の秘密請求をすることができる。

⇨本意匠、関連意匠の全てに対し秘密請求をしなければならないわけではない。

学習日	月 日	月 日	月 日	月 日
正答数	／6	／6	／6	／6

出た過去問！
出る予想問！ **目標 4 分で答えよう**

❏ 第1年分の登録料を納付する者が<u>利害関係人</u>である場合、利害関係人は、<u>登録料の納付と同時に当該意匠を秘密にすることを請求することが認められる</u>。[H21-4]　　☞(1)圀×

❏ 甲と乙が代表者を定めないで共同して意匠登録出願を行い、意匠権の設定の登録の日から2年の期間を指定して、その期間その意匠を秘密にすることを請求していた場合、甲は、単独で、その秘密請求期間を延長し又は短縮することを請求することができる。[H19-17]　　☞(2)圀○

❏ <u>秘密にすることを請求した意匠に係る意匠権についての専用実施権者</u>は、<u>秘密にすることを請求して指定した期間を延長し又は短縮することを請求することができる</u>。[H10-20]
　　☞(2)圀×

❏ 意匠登録出願前に意匠が記載された<u>カタログを不特定多数に頒布した</u>とき、意匠登録出願人は、<u>その意匠を秘密にすることを請求することができる場合はない</u>。[H21-4]
　　☞(3)圀×

❏ <u>出願公開された特許出願を意匠登録出願に変更した場合は、その意匠登録出願について秘密にすることを請求することができない</u>。[H24-14]　　☞(4)圀×

❏ 本意匠と関連意匠は相互に類似する関係にあるので、この全てに対し秘密請求をしなければ公示をしないことの徹底にはならない。そのため、<u>本意匠と関連意匠の全てに対し同時に秘密請求をしなければならない</u>。[予想問]　☞(5)圀×

必ず出る！基礎知識　目標 **6** 分で覚えよう

1 秘密意匠の手続

(1)秘密請求は、出願と同時に、又は第1年分の登録料の納付と同時にすることができる(14条2項)。

(2)秘密請求期間は、設定の登録の日から3年以内である(14条1項)。その間に、出願人・意匠権者は、秘密期間の延長・短縮を請求できる。

(3)秘密請求は、出願料又は登録料が加算されるのではなく、別途の手数料が必要である。

2 設定登録後の公報掲載

(4)秘密期間中でも公報は発行されるが、その内容は書誌的事項しか掲載されない(20条4項)。

(5)本意匠・関連意匠がそれぞれ期間の異なる秘密意匠の場合は、設定登録がされた後、それぞれの秘密期間の経過後遅滞なく、その内容が掲載された公報が発行される。

(6)9条2項により協議不調・不能で拒絶査定が確定した場合であって、それぞれの出願に秘密請求がされていたときは、拒絶査定確定後、一番長い秘密期間が経過した時に、両者共に公報掲載される(66条3項)。

3 秘密意匠と権利行使・活用

(7)秘密意匠の意匠権者も、ライセンスを行うことは可能。

(8)秘密意匠に係る意匠権について、差止請求をする場合は一定の書面の提示・警告が必要であるが(37条3項)、損害賠償請求をする場合は不要である。

(9)秘密意匠の場合は、公報に意匠の内容が掲載されないので、過失は推定されない(40条但書)。

学習日	月 日	月 日	月 日	月 日
正答数	／6	／6	／6	／6

◉ 出た過去問！ 出る予想問！ **目標 4 分で答えよう** ◉

❏ 意匠登録出願人が意匠を秘密にすることを請求するときは、意匠登録出願と同時の場合に限り、その意匠を秘密にすることを請求する期間を記載した書面を特許庁長官に提出することができる。[H22-54]　　　　☞(1)答×

❏ 意匠を秘密にすることを請求した意匠登録出願人は、意匠公報発行の日から3年以内の期間内であれば、秘密請求期間の延長を請求することができる。[H16-40]　☞(2)答×

❏ 自動車会社が乗用自動車に係る意匠登録出願をするとき、当該意匠を秘密にすることを請求する場合は、出願手数料に加えて別途手数料を納付する必要がある。[H24-14]

☞(3)答○

❏ 意匠登録出願に係る意匠を秘密にすることを請求して意匠権の設定の登録があった場合、秘密にすることを請求する期間が経過するまで、意匠公報は発行されない。[H15-5]

☞(4)答×

❏ 甲は、意匠イについて意匠登録出願Ａとイに類似する意匠ロについてイを本意匠とする意匠登録出願Ｂをして、イ及びロについて意匠登録を受けた。イとロの秘密期間が異なる時はそれぞれの秘密期間の経過後遅滞なく図面などの内容が意匠公報に掲載される。[H12-6]　　　☞(5)答○

❏ 秘密意匠は、その具体的内容が公示されないので、第三者がその内容を知り得る余地がなくライセンスの申込みがなされないので、意匠権者が実施権の許諾をすることはない。
[予想問]　　　　　　　　　　　　　　　　☞(7)答×

17 出願の分割・変更

1 分割の時期 (10条の2)

(1)出願人は、意匠登録出願が審査・審判・再審に係属している場合に限り、2以上の意匠を包含している出願を分割することができる (10条の2第1項)。

⇨ ①完成品から部品への出願分割はできない。②部分意匠から部品の意匠に分割はできない。③7条・8条・8条の2違反の場合に分割を行う。④分割をした後に原出願に未だ2以上の意匠がある場合は、さらに分割ができる。

2 変更の時期 (13条)

(2)特許出願人は、特許出願について拒絶をすべき旨の最初の査定の謄本の送達があった日から3月以内であれば、意匠登録出願に変更することができる (13条1項)。

⇨ 拒絶査定不服審判請求後でも、拒絶査定謄本の送達から3月以内であれば、意匠に変更することができる。

⇨ 拒絶査定不服審判の請求期間が延長された場合 (特4条) には、上記3月の経過後であっても、延長期間内に出願の変更をすることができる (13条3項)。

(3)実用新案登録出願人は、実用新案登録出願が特許庁に係属中であれば、いつでも意匠登録出願に変更することができる (13条2項)。

3 分割・変更の効果 (10条の2第2項・3項、13条6項)

(4)分割・変更出願には、遡及効がある。

(5)分割・変更出願における原出願で提出した一定の書面は、分割・変更の新たな出願と同時に提出されたたものとみなされる。

学習日	月 日	月 日	月 日	月 日
正答数	／5	／5	／5	／5

出た過去問！
出る予想問！ 目標**4**分で答えよう

❏ 2つ以上の意匠を包含する意匠登録出願について、拒絶を
すべき旨の審決に対する訴えが裁判所に係属している場合、
その意匠登録出願の分割をすることはできない。[H20-52]
☞(1)答○

❏ 願書の意匠に係る物品の欄に「自動車」と記載され、その
願書に添付した図面に自動車（バンパーが付いたもの）の
形状が明瞭に記載されているとき、当該意匠登録出願人は、
そのバンパー部分について意匠登録出願を分割して新たな
意匠登録出願とすることができる。[H11-14] ☞(1)答×

❏ 特許出願人は、その特許出願について拒絶査定不服審判を
請求した後は、意匠登録出願に変更することができる場合
はない。[H25-55] ☞(2)答×

❏ 実用新案登録出願は、出願から3年経過した場合には、意
匠登録出願に変更することができない。[予想問] ☞(3)答×

❏ 新規性の喪失の例外の規定の適用を受けるための書面を特
許庁長官に提出した意匠登録出願が二以上の意匠を包含し
ている。意匠登録出願人が、その意匠登録出願の一部を一
又は二以上の新たな意匠登録出願とする場合には、新たな
意匠登録出願について新規性の喪失の例外の規定の適用を
受けるために特許庁長官に提出した書面は、もとの意匠登
録出願と同時に特許庁長官に提出されたものとみなされる。
[H28-7] ☞(5)答×

18 補　正 ⑴

必ず出る！
基礎知識 目標 **6** 分で覚えよう

1 補正の時期(60条の24)

⑴意匠登録出願等をした者は、事件が審査・審判・再審に
係属している場合に限り、その補正をすることができる。

⑵補正却下決定不服審判の請求棄却審決が審決等取消訴訟
で審理されている間は、補正が可能である。

⇨出願が審査に係属しているからである。

⑶拒絶査定不服審判の請求棄却審決に対する審決等取消訴
訟に係属している場合には補正ができないが、その後、
取消判決が確定した場合は、補正が可能である。

⇨審判段階に戻るからである。

2 補正の範囲⑴

⑷補正は、要旨を変更するものでなければ(17条の2第1項)、
有効である。

⇨要旨変更とは、①意匠の要旨をその意匠の属する分野に
おける通常の知識に基づいて当然に導き出すことができ
る同一の範囲を超えて変更するものと認められる場合、
②出願当初不明であった意匠の要旨を明確なものとする
ものと認められる場合、③意匠登録を受けようとする範
囲を変更する場合をいう(審査基準)。

⑸審査官は、補正が要旨を変更するものである場合には、
補正却下しなければならない(17条の2第1項)。

⇨補正却下決定謄本の送達日から3月は、査定をしてはな
らない。但し、その期間中に審査をすることは可能であ
る(17条の2第3項)。

学習日	月　日	月　日	月　日	月　日
正答数	／5	／5	／5	／5

出た過去問！
出る予想問！　**目標4分で答えよう**

❏ 意匠登録出願、請求その他意匠登録に関する手続をした者
は、事件が審査又は審判に係属している場合に限り、その
補正をすることができる。[H21-41]　　　　　　☞(1)答×

❏ 補正却下決定不服審判の審決取消訴訟が裁判所に係属して
いる場合であっても、当該意匠登録出願の願書又は願書に
添付された図面について補正をすることができる。[H23-53]
　　　　　　　　　　　　　　　　　　　　　☞(2)答○

❏ 拒絶査定不服審判の審決取消訴訟を提起し、審決を取り消
す旨の判決が確定した後は、再審の事由がなければ、願書
の記載又は願書に添付した図面について補正をすることが
できる場合はない。[H25-25]　　　　　　　　☞(3)答×

❏ 審査官は、願書の記載又は願書に添付した図面についてし
た補正を決定をもって却下したときは、その決定謄本の送
達があった日から3月を経過するまでは当該意匠登録出願
について拒絶をすべき旨の査定をしてはならないが、意匠
登録をすべき旨の査定をすることはできる。[H12-9]
　　　　　　　　　　　　　　　　　　　　　☞(5)答×

❏ 審査官は、願書の記載又は願書に添付した図面についてし
た補正を決定をもって却下したとき、その決定の謄本の送
達があった日から3月を経過するまでは、当該意匠登録出
願の審査を中止しなければならない。[H18-38]　☞(5)答×

1 補正の範囲⑵

(1)審査段階で補正却下となった場合は、補正手続そのもの
が却下されたことになる。そのため、補正部分に要旨変
更とならない部分があっても、補正事項全体が一体とし
て却下される。

(2)要旨変更補正が審査段階などで看過され登録になった場
合、無効理由とはならないが、出願日が補正書提出日ま
で繰り下がる（9条の2）。

⇨その結果、後願あるいは新規性がないこと等を根拠に無
効理由となる場合がある。

2 補正却下に対する措置

(3)審査段階で補正が却下された場合は、補正却下決定の謄
本送達日から 3 月以内に、補正却下決定不服審判の請求
（47条）又は新出願（17条の3）が可能である。

⇨補正却下決定不服審判の後に新出願をすることは可能で
ある。

⇨一方、新出願の後に補正却下決定不服審判をすることは
できない（47条1項但書）。新出願によってもとの出願は
取下擬制となり（17条の3第2項）、対象がなくなるからで
ある。

(4)審判段階で補正却下された場合は、補正却下決定不服審
判（47条）ではなく、審決等取消訴訟により不服申立てを
行う（59条1項）。

⇨補正却下決定の謄本送達日から 30 日以内であれば、新
出願（17条の3）をすることも可能である（50条）。

学習日	月　日	月　日	月　日	月　日
正答数	／5	／5	／5	／5

出た過去問！ 出る予想問！ 目標4分で答えよう

❏ 一の手続補正書を提出して願書に記載した意匠に係る物品及びその願書に添付した図面について補正をした場合、その図面についてした補正が要旨を変更するものであるとき、審査官は、決定をもってその図面についてした補正のみを却下する。[H4-44]　　　　　　　　☞(1)答✕

❏ 甲は、意匠イについて意匠登録出願Aをし、願書の記載について補正をした後、意匠登録を受けた。乙は、Aの出願の日後に、イに類似する意匠ロについて意匠登録出願Bをした。この場合において、甲の当該意匠登録は、Bの存在を理由として無効にされることはない。[H17-50]　☞(2)答✕

❏ 補正却下決定不服審判をした後は、当該意匠登録出願人は、当該補正後の意匠について補正却下の決定に基づく新たな意匠登録出願をすることができる場合はない。[H16-44 改]
　　　　　　　　☞(3)答✕

❏ 願書に添付した図面についてした補正が、審判官により決定をもって却下された場合、その決定を受けた者は、その決定に不服があるとき、補正却下決定不服審判を請求することができる。[H18-38]　　　　　☞(4)答✕

❏ 拒絶査定不服審判において、願書の記載又は願書に添付した図面についてした補正が、これらの要旨を変更するものに該当するとして決定をもって却下された。この場合、その決定の謄本の送達があった日から3月以内であればいつでも、その補正後の意匠について意匠法第17条の3の規定による新たな意匠登録出願をすることができる。[H25-3]
　　　　　　　　☞(4)答✕

1 建築物の意匠の類否

(1)建築物の意匠同士においては、両意匠の使用の目的・使用の状態等に基づく用途及び機能に共通性があれば、両意匠の用途及び機能は類似すると判断する。

⇨住宅と病院等は、人がその内部に入り、一定時間を過ごすという点で、用途及び機能に共通性があり、両者の用途等は類似する。

⇨土木構造物（例橋梁）は、人がその内部に入り、一定時間を過ごすこととは異なる用途を持つため、住宅等の用途と類似しない場合がある。

(2)建築物の意匠「住宅」と物品の意匠「組立家屋」は、人が居住するために用いるものである点で、その用途及び機能に共通性があるため、両意匠の用途等は類似する。

2 内装の意匠と建築物の意匠の類否

(3)内装の意匠である住宅用居間の内装と、「住宅」についての内部の居間の部分意匠とは、いずれも内部において人が一定時間を過ごすために用いるものであるという点で、用途及び機能は類似する。

3 画像の意匠の類否

(4)画像意匠同士の用途及び機能の類否判断を行う場合は、それらが表示される物品等の用途等を考慮しない。

(5)画像意匠と物品等の部分に画像を含む意匠を比較する場合は、「画像」と「画像＋物品等」の用途及び機能も比較し、当該画像の用途及び機能以外に明らかに異なる使用目的を含む等のときは、類似しないと判断する。

学習日	月　日	月　日	月　日	月　日
正答数	／7	／7	／7	／7

○ 出た過去問！ 出る予想問！ **目標 4 分で答えよう** ○

❑ 住宅と病院は用途が異なるので、意匠として類似関係になることはない。［予想問］　　　　　　　　　☞(1)答✕

❑ 建築物の意匠相互間でも、病院は人が内部に入り一定期間を過ごすという用途があるのに対し、橋梁は河川等の上に道路や鉄道等を通したりする用途を有し、用途が住宅とは異なるため、意匠として類似関係になることはない。［予想問］　　　　　　　　　　　　　　　　☞(1)答○

❑ 建築物の意匠は不動産であるが、組立家屋は動産であることから、両意匠が類似関係になることはない。［予想問］
　　　　　　　　　　　　　　　　　　　　　☞(2)答✕

❑ 内装の意匠と建築物内部の意匠は、用途が異なるため、意匠として類似関係になることはない。［予想問］　　☞(3)答✕

❑ 商品選択用画像と会議室選択用画像のそれぞれの画像の意匠は、その画像が表示される物品が異なっている場合でも、「選択用画像」であるという点で用途等が共通であるため、両意匠が類似関係になる場合がある。［予想問］　　☞(4)答○

❑ 画像意匠と物品等の部分に画像を含む意匠の類否は、無体物たる画像と有体物たる物品が比較対象であるので、両者の用途等が類似する場合はない。［予想問］　　☞(5)答✕

❑ 画像意匠と物品等の部分に画像を含む意匠の場合、画像の用途等が類似関係であっても、当該画像の用途及び機能以外に明らかに異なる使用目的を含む等の場合は、類似とならないことがある。［予想問］　　　　　　　☞(5)答○

意匠の権利

1 意匠権の設定登録

1 意匠権の発生

(1)意匠権の発生は、原則として、登録査定謄本の送達日から 30 日以内に、第 1 年分の登録料の納付を条件とする (20 条 2 項)。ただし、延長・追完もある。

⇨第 1 年～第 3 年分ではない点に注意。

⇨国際意匠登録出願の場合、登録料の納付は設定登録の条件ではない (60 条の 13)。当初から登録料相当分を支払っているからである。

⇨意匠法には、減免猶予の制度はない。

⇨出願人が国の場合は、登録料を納付しなくても意匠権が設定登録される。

2 設定登録後の公報掲載

(2)意匠公報 (20 条 3 項) には、書誌的事項の他に、物品名等、意匠の説明、意匠に係る物品等の説明、図面等が掲載される。

⇨秘密意匠の場合は、公報は発行されるが、秘密期間経過まで、書誌的事項のみが掲載される。

(3)秘密意匠の秘密期間経過後は、秘密意匠の内容も、遅滞なく公報に掲載される (20 条 4 項)。

(4)本意匠のみ秘密請求した場合は、関連意匠は、本意匠の秘密期間の経過を待たず、公報に掲載される。

⇨財産権としてそれぞれ使用・収益・処分が可能だから。

⇨本意匠と関連意匠の秘密期間が異なる場合には、それぞれの秘密期間に応じて公報に掲載される。

⇨関連意匠には秘密請求をせず、本意匠についてのみ秘密請求をすることができる点に注意せよ。

出た過去問！　出る予想問！ 目標**4**分で答えよう

☐ 意匠登録出願人は、意匠権の設定の登録を受けるためには、意匠登録をすべき旨の査定又は審決の謄本の送達のあった日から30日以内に、第1年から第3年分の登録料を納付しなければならない。[H26-19]　☞(1)答×

☐ 意匠登録をすべき旨の査定又は審決の謄本の送達があった日から30日以内に登録料を支払わない場合であっても、意匠権の設定の登録がされる場合がある。なお、意匠登録出願人は国ではなく、当該意匠登録出願は国際意匠登録出願でないものとする。[予想問]　☞(1)答○

☐ 秘密意匠については、秘密にすることを請求した期間が経過した後でなければ、当該意匠に係る物品等の名称・用途が意匠公報に掲載されることはない。[H21-4改]　☞(2)答○

☐ 意匠登録出願に係る意匠を秘密にすることを請求して意匠権の設定の登録があった場合、秘密にすることを請求する期間が経過するまで、意匠公報は発行されない。[H15-5]　☞(2)答×

☐ 本意匠イとそれに類似する関連意匠ロを同日に意匠登録出願し、イのみを秘密にすることを請求していた場合、その期間が経過するまで、ロに係る意匠登録出願の願書に添付した図面の内容が意匠公報に掲載されることはない。[H24-14]　☞(4)答×

2 意匠権の存続期間

1 意匠権の存続期間 (20条1項、21条1項・2項)

⑴意匠権の存続期間は、意匠登録出願の日から 25 年である。

⇨関連意匠の意匠権は、基礎意匠の意匠登録出願の日から
25 年である。

⇨特許と同様に、出願日から終期を計算する。

⇨国際登録を基礎とした意匠権の存続期間については、国
際登録日にされた出願とみなされるので、国際登録日か
ら起算する。

2 追納により意匠権が回復した場合

⑵追納によって意匠権が回復した場合であっても、空白期
間が生まれることはない。意匠権は、出願日から25年で
満了する。

⇨追納によって意匠権が回復した場合でも、登録料を追納
することができる期間の経過後、意匠権の回復の登録前
の実施行為・結果物には、意匠権の効力が及ばない (44
条の3)。

3 関連意匠の意匠権の消滅

⑶関連意匠の意匠権は、基礎意匠の意匠権の消滅によって
影響を受けない。

⇨基礎意匠の意匠権と関連意匠の意匠権が同時に消滅する
のは、基礎意匠の意匠権の存続期間が満了した場合と、
基礎意匠の意匠権の相続人不存在の場合のみである。

学習日	月　日	月　日	月　日	月　日
正答数	／7	／7	／7	／7

◉ 出た過去問！ 出る予想問！ 目標 **4** 分で答えよう ◉

❏ 基礎意匠の出願の日後になされた関連意匠出願の意匠権の存続期間は、関連意匠の出願日から 25 年をもって終了する。[H21-30 改]　　　　　　　　　　　　　　☞(1)答×

❏ 関連意匠の意匠権の存続期間は、その基礎意匠の意匠権の設定の登録の日から 25 年をもって終了する。[H25-38 改]
☞(1)答×

❏ 国際意匠登録出願は、国際登録の日から日本国での意匠権の存続期間が起算される。[H27-55]　　　　　☞(1)答○

❏ 登録料の追納により回復した意匠権の存続期間は、登録料を追納することができる期間の経過後から回復の登録までの期間のいかんにかかわらず、意匠登録出願の日から 25 年をもって終了する。[予想問]　　　　　　☞(2)答○

❏ 基礎意匠について意匠登録を無効にすべき旨の審決が確定した場合、当該基礎意匠の関連意匠に係る意匠権は、当該基礎意匠に係る意匠権とともに消滅する。[H17-45 改]
☞(3)答×

❏ 関連意匠の意匠権は、基礎意匠の意匠権が相続人の不存在により消滅した場合、同時に消滅する。[H18-43 改] ☞(3)答○

❏ 関連意匠の意匠権は、基礎意匠の意匠権が存続期間の満了により消滅した場合、同時に消滅する。[予想問]　☞(3)答○

意匠権の移転

1　関連意匠の意匠権の移転

(1)基礎意匠及びその関連意匠の意匠権は、分離して移転することができない（22条1項）。

⇨一般承継の場合も、意匠権の移転請求（26条の2）の場合も、同様である。

(2)基礎意匠の意匠権が消滅して複数の関連意匠の意匠権が残った場合も、それらの関連意匠を分離して移転することはできない（22条2項）。

(3)基礎意匠の意匠権が無効審決の確定により遡及消滅しても、関連意匠の意匠権は消滅しない（22条2項）。

⇨基礎意匠の遡及消滅後に残った複数の関連意匠の意匠権は、分離して移転できない（22条2項）。

2　関連意匠相互間が類似しない場合の移転

(4)基礎意匠の意匠権が料金不納等で消滅した場合、残存した関連意匠に類似関係がない場合でも、関連意匠の意匠権は一括して移転しなければならない（22条2項）。

⇨基礎意匠に係る関連意匠の間において9条1項・2項の規定は適用されず（10条7項）、類否の判断がなされていないため、意匠権の分離移転を認めると、後に権利の錯綜を招くおそれがあるためと考えられる。

学習日	月　日	月　日	月　日	月　日
正答数	／5	／5	／5	／5

◉ 出た過去問！ 出る予想問！ **目標 4 分で答えよう** ◉

❏ 基礎意匠及びその関連意匠の意匠権は、相続その他の一般承継による場合には、分離して移転することができる。
[H22-42 改]　　　　　　　　　　　　　　　　☞(1)答×

❏ 基礎意匠の意匠権及びその基礎意匠に係る二以上の関連意匠の意匠権を有する者は、その基礎意匠の意匠権を放棄することによりその二以上の関連意匠の意匠権を分離して第三者に移転することができる。[H12-16 改]　　☞(2)答×

❏ 甲が基礎意匠イの意匠権及びその基礎意匠に係る関連意匠ロ及びハの意匠権を有している場合において、基礎意匠イの意匠登録を無効にすべき旨の審決が確定したときは、甲は関連意匠ロ及びハの意匠権を分離して移転することができる。[H16-20 改]　　　　　　　　　☞(2)(3)答×

❏ 基礎意匠の意匠登録を無効にすべき旨の審決が確定したときは、基礎意匠の意匠権は初めから存在しなかったものとみなされるから、当該基礎意匠に係る複数の関連意匠の意匠権は、分離して移転することができる。[H28- 意匠 9 改]
　　　　　　　　　　　　　　　　　　　　☞(2)(3)答×

❏ 類似しない意匠イとロについて、意匠ハを基礎意匠とする関連意匠の意匠登録を受けた場合において、基礎意匠ハの意匠権が放棄されたとき、意匠イとロに係る意匠権は分離して移転することができる。[H19-25 改]　　☞(4)答×

1 通常の意匠権の効力

(1)意匠権者は、業として登録意匠又はこれに類似する意匠を実施する権利を専有する (23条)。

(2)登録意匠の同一又は類似の判断権者は、需要者である (24条2項)。

⇨需要者には、取引者を含む。

2 関連意匠の意匠権の効力

(3)権原なき第三者が関連意匠にのみ類似する範囲の実施をした場合には、関連意匠の意匠権の侵害となる。

⇨類似意匠制度と異なり、関連意匠は独自の効力を有する。

3 組物の意匠の意匠権の効力

(4)組物の意匠は、組物の意匠全体として権利行使ができるのみで、組物の構成物品等ごとには権利行使できない。

⇨組物の構成物品ごとに登録要件を見ていた平成10年法改正前ですら、直接侵害を問えなかった。組物の構成物品等ごとの登録要件を見ない現行制度では、なおさらである。

4 物品の部分意匠の意匠権の効力

(5)物品の部分意匠の場合、部分意匠を含んだ形で実施すれば、その物品の実施に対して権利行使をすることができる。

⇨但し、あくまで権利行使ができるのはその物品に対してであって、その物品の部分に相当する部品に対しては、権利行使できない。

学習日	月　日	月　日	月　日	月　日
正答数	／5	／5	／5	／5

出た過去問！
出る予想問！ 目標**4**分で答えよう

❏ 甲、乙が、業として丙の魔法瓶用中瓶（真空瓶）の登録意匠イを実施する権原を有しない者である場合、甲が製造したイに係る魔法瓶用中瓶を乙が購入し、それを組み込んだ魔法瓶を製造する乙の行為は、常に当該意匠権の侵害となる。[H6-11] 　　　　　　　　　　　　　　　　　　☞(1)㵅×

❏ 登録意匠とそれ以外の意匠が類似であるか否かの判断において「取引者」の観点を含めることはできない。[H26-19]
　　　　　　　　　　　　　　　　　　☞(2)㵅×

❏ 基礎意匠イと、その関連意匠ロについて意匠登録を受けた場合において、イには類似しないが、ロにのみ類似する意匠ハが実施されたときは、当該意匠権者はハを実施する者に対して、ロの意匠権の侵害であることを理由とする侵害訴訟を提起することができない。[H15-32 改] 　　☞(3)㵅×

❏ 組物の意匠として意匠登録を受けた一組の飲食用容器セットの意匠権の効力はその構成物品の一部である皿のみの実施には及ばない。[H21-30 改] 　　　　　　　　☞(4)㵅○

❏ 意匠に係る物品を「鍋」として、鍋の取手部についての部分意匠の意匠登録を受けた意匠権者は、業として鍋用にも用いられる取手の部品の意匠及びそれと類似する意匠の実施をする権利を専有する。ただし、専用実施権は、設定されていないものとする。[H21-30] 　　　　　☞(5)㵅×

5 利用・抵触

1 登録意匠が利用・抵触関係の場合

(1)登録意匠が利用・抵触関係にある場合、先願優位の原則により、後願者は、登録意匠の実施ができない(26条1項)。

⇨後願者は、登録意匠と類似する意匠の実施はできる。

(2)出願日が同日の場合、適用関係はない。

⇨両者共に実施ができる。

2 登録意匠と類似する部分が利用・抵触関係の場合

(3)登録意匠と類似の部分が利用・抵触関係の場合、後願の登録意匠の類似範囲について実施ができない(26条2項)。

⇨後願者は、「登録意匠」について実施ができる。

3 商標権と抵触関係にある場合

(4)意匠権は、商標権との利用関係はなく抵触関係のみがある。

(5)商標権と抵触関係が生じるのは、意匠の実施態様が先願の商標の使用態様にも該当する場合のみである。

4 意匠権同士の抵触・著作権との抵触

(6)先願の登録意匠と後願の登録意匠との間で類似する部分について、抵触が生じる(26条2項)。

⇨類似範囲において重なり合う複数の意匠権の効力を、先願優位の原則により調整している。この場合、先願の意匠権者が実施できる。

(7)著作権は相対的独占権だから、後願の意匠権者が当該著作権に依拠して意匠を創作した場合にのみ、抵触に該当する。

⇨独自に創作した場合には、他人の著作権の存在に関わりなく、自由に自己の登録意匠の実施ができる。

◉ 出た過去問！ 出る予想問！ **目標4分で答えよう** ◉

❏ 甲の登録意匠イが当該意匠登録出願の日前の意匠登録出願に係る乙の登録意匠ロを利用するものであるときは、甲は、ロの実施をする権原を有しなくても、業としてイに類似するハを実施することができる場合がある。[H11-32]

☞(1)答○

❏ 意匠権者は、その意匠権のうち登録意匠に係る部分がその意匠登録出願の日と同日の出願に係る他人の特許権と抵触するときは、業としてその登録意匠の実施をすることができない。[H27-33]

☞(2)答×

❏ 甲は、自己の意匠権のうち登録意匠に類似する意匠に係る部分のみが当該意匠登録出願の日前の出願に係る乙の意匠権と抵触する場合、乙の許諾を得ずに、自己の登録意匠を業として実施することができる。[H25-8]

☞(3)答○

❏「ハンカチ」に係る甲の登録意匠イにおいて、その意匠に表された模様がその意匠登録出願の日前の出願に係る乙の登録商標の図形に類似するものであっても、甲は、イを実施できる場合がある。[H26-39]

☞(5)答○

❏ 先願の登録意匠と後願の登録意匠との間で類似する意匠に係る部分について抵触が生じた場合には、当該部分は先願の意匠権者が実施できる。[予想問]

☞(6)答○

❏ 物品「ネクタイ」に係る意匠の意匠権者は、その登録意匠「ネクタイ」の表面に表された絵柄が他人の著作物と類似しているとしても、その登録意匠を業として実施することができる場合がある。[H28-意匠10]

☞(7)答○

6 実施権

1 通常実施権の許諾

(1)秘密意匠の場合でも、通常実施権の許諾は可能である。

⇨秘密意匠に係る意匠権者から権利行使され、その場合に、通常実施権の交渉が行われる場合があるからである。

(2)通常実施権の許諾を行った範囲内でも、意匠権者は収益権を失わないため、専用実施権の設定ができる。

(3)基礎意匠又は関連意匠のみに通常実施権を許諾することもできる。

⇨専用実施権とは異なり（27条1項但書参照）、物権的請求権の分属が生じないからである。

2 専用実施権の設定

(4)意匠権者についての質権が設定されている場合でも、質権者の承諾なく、専用実施権の設定は可能である。

(5)基礎意匠と関連意匠がある場合、基礎意匠と全ての関連意匠の意匠権について、同一の者に対して、同時に、専用実施権を設定しなければならない（27条1項但書）。

(6)基礎意匠の意匠権が消滅し、関連意匠の意匠権が複数残った場合も、専用実施権を設定するには、全ての関連意匠の意匠権について、同一の者に対して、同時に、専用実施権を設定しなければならない（27条3項）。

(7)複数の関連意匠の意匠権が、相互に類似関係にある場合はもちろん、類似関係がない場合でも、上記(6)で示した要件は変わらない（27条3項）。

(8)専用実施権の設定・通常実施権の許諾は、組物の構成物品等ごとにはできない。

学習日	月 日	月 日	月 日	月 日
正答数	／6	／6	／6	／6

2章

実

施

権

出た過去問！ 出る予想問！ 目標 **4** 分で答えよう

❑ 秘密にすることを請求して指定した期間中であっても、当該意匠に係る意匠権者又は専用実施権者は、自己の意匠権又は専用実施権について、他人に通常実施権を許諾することができる。[H2-20]　　☞(1)答○

❑ 意匠権者は、その意匠権について甲に通常実施権を許諾した後、その通常実施権と同一範囲の専用実施権を乙に対して設定することができない。[H17-32]　　☞(2)答×

❑ 基礎意匠イ及びその関連意匠ロの意匠権者甲は、イの意匠権についての通常実施権を乙に、ロの意匠権についての通常実施権を丙に、それぞれ許諾することができる。[H24-3改]　　☞(3)答○

❑ 意匠権者は、その意匠権について質権を設定した場合であっても、当該質権者の承諾を得ることなく、その意匠権について専用実施権を設定することができる。[H17-32]　　☞(4)答○

❑ 基礎意匠イとその関連意匠として意匠ロ及び意匠ハが意匠登録を受けていたが、イは、ロとハに類似し、ロがハに類似していないとき、イについて実施予定のない当該意匠権者は、イの意匠権を年金不納付により消滅させても、相互に類似しないロとハを分離してそれぞれ別の第三者に専用実施権の設定をすることができない。[H15-42改]　　☞(6)(7)答○

❑ 専用実施権の設定又は通常実施権の許諾は、組物全体についてできるのであり、構成物品等ごとに設定又は許諾をすることはできない。[予想問]　　☞(8)答○

7　先使用による通常実施権

◎ 必ず出る！
基礎知識　**目標 6 分で覚えよう** ◎

1　先使用権の発生要件

(1)先使用権(29条)の発生には、出願に係る意匠を知らない
で、自らその意匠若しくはこれに類似する意匠の創作を
したこと、又は、出願に係る意匠を知らないで、その創
作をした者から知得したことが必要である。

⇨意匠権に対する抗弁権であるから、類似も含まれる。

(2)先使用権(29条)の発生には、出願の際現に日本国内にお
いてその意匠又はこれに類似する意匠の実施である事業
をしている者又は事業の準備をしている者であることが
必要である。

⇨外国でのみ実施又は実施の準備をしているだけでは、先
使用権は発生しない。

⇨「出願の際」とは、①出願の際、②9条の2又は17条の
3第1項の規定により出願時が手続補正書の提出時に繰
り下がった場合には「もとの意匠登録出願の際」又は「手
続補正書を提出した際」の、いずれかの時点を意味する。

2　先使用権の効果

(3)先使用権(29条)の発生要件を満たした者は、その実施又
は準備をしている意匠及び事業の目的の範囲内において、
その出願に係る意匠権について通常実施権を有する。

(4)先使用権は、無償である。

⇨公平の見地から認められるものだからである。

学習日	月 日	月 日	月 日	月 日
正答数	／5	／5	／5	／5

◎ 出た過去問！ 出る予想問！ **目標4分で答えよう** ◎

❏ 先使用による通常実施権を有する者は、<u>自己で創作した者でなければならない</u>。［予想問］　　　　☞(1)答✕

❏ 先使用による通常実施権が生じるためには、出願の際に実施の<u>準備をしているだけでは足りず</u>、具体的に実施をしていなければならない。［予想問］　　　　☞(2)答✕

❏ 先使用権は、出願の際に<u>外国でのみ実施又は実施の準備をしている場合にも生じ得る</u>。［予想問］　　　　☞(2)答✕

❏ 甲は、自ら創作した意匠イについての意匠登録出願Aをした後、当該願書に添付した図面について補正をした。他方、Aの出願の日後で、当該手続補正書を提出した日前に、乙は自ら創作した意匠ロについて意匠登録出願Bをした。イとロが類似する場合において、甲が当該補正後の意匠についての、補正の却下の決定に基づく新たな意匠登録出願Cをした場合、乙が当該手続補正書の提出の際現に日本国内においてその補正後の意匠の実施である事業をしていれば、乙は、甲のCに係る意匠権について先使用による通常実施権を有する場合がある。［H14-16］　　　　☞(2)答○

❏ 先使用権者は、意匠権者に対して<u>対価を払わなければならない</u>。［予想問］　　　　☞(4)答✕

8 先出願による通常実施権

1 先出願による通常実施権の発生要件

(1)先出願による通常実施権(29条の2)の発生要件は、基本的には先使用権と変わらないが、後願の意匠権の設定の登録の際までに、実施である事業・事業の準備をしていることが必要である。

⇨先使用権は、「出願の際までに」である(29条参照)。

(2)先出願による通常実施権が発生するためには、実施される意匠が自己の先願に係る意匠であることが必要である(29条の2第1号)。

⇨拒絶査定が確定した意匠に類似する意匠を実施等していても、先出願による通常実施権は発生しない。

(3)先出願による通常実施権が発生するためには、先願に係る意匠が3条1項各号に該当し、拒絶査定・審決が確定したことが必要である(29条の2第2号)。

⇨3条2項により拒絶査定が確定しても、先出願による通常実施権は発生しない。

2 先出願による通常実施権の効果

(4)先出願による通常実施権の発生要件を満たした者は、その実施又は準備をしている意匠及び事業の目的の範囲内において、後願に係る意匠権について無償の通常実施権を有する。

(5)先使用による通常実施権(29条)と先出願による通常実施権が重畳的に発生する場合には、先使用権(29条)が優先適用される(29条の2柱書かっこ書)。

学習日	月　日	月　日	月　日	月　日
正答数	／5	／5	／5	／5

出た過去問！
出る予想問！ 目標 **4** 分で答えよう

❏ 先出願による通常実施権は、後願の設定登録後に実施の準備を開始した者にも認められる場合がある。[予想問]
☞(1)答×

❏ 甲は、自ら創作した意匠イについて意匠登録出願Aをしたが、イが公然知られた意匠に類似するとしてAの拒絶の査定が確定し、一方、乙は、イに類似する意匠ロについてAより後日に意匠登録出願Bをし、ロについて意匠登録を受けた。Bに係る意匠権の設定の登録の際に、甲は、イとロに類似する意匠ハを実施していたときは、ハにつき乙の意匠権について通常実施権を有する。[H13-13]
☞(2)答×

❏ 甲の意匠イに係る意匠登録出願Aについて、イが意匠法第3条第2項の規定に該当するとして、拒絶をすべき旨の査定が確定したとき、甲は、Aの出願日後の他人の意匠登録出願に係る意匠権について先出願による通常実施権（意匠法第29条の2）を有する場合がある。[H17-42]
☞(3)答×

❏ 先出願による通常実施権は、先使用による通常実施権と同様、無償の法定通常実施権である。[予想問]
☞(4)答○

❏ 先使用権と先出願による通常実施権の要件が被った場合には、先出願による通常実施権は先使用権では対応できないという理由でできた特別規定であるから、先出願による通常実施権が優先適用される。[予想問]
☞(5)答×

9 その他の実施権

必ず出る！基礎知識 目標 6 分で覚えよう

1 意匠権等の存続期間満了後の通常実施権

(1)意匠登録出願の日前又はこれと同日の意匠権等の存続期間が満了した場合、満了により消滅した原権利者等に対し、法定通常実施権が生じ得る(31条、32条)。

⇨同日出願の場合も法定通常実施権が発生する点に注意。

⇨存続期間の満了以外で消滅した場合には、法定通常実施権は発生しない。

(2)権利消滅前に実施していることは、31条、32条の法定通常実施権の発生要件ではない。

(3)32条の法定通常実施権は、有償である(32条3項)。

2 裁定通常実施権

(4)意匠法には、利用・抵触関係の場合の裁定通常実施権のみがある(33条)。

⇨特許法と異なり、①不実施の場合の裁定通常実施権(特83条)、②公共の利益のため特に必要な場合の裁定通常実施権(特93条)はない。

(5)後願の意匠権が利用・抵触関係となり、実施ができない場合には、意匠権者・専用実施権者が、協議を求めることができ、協議不調・不能の場合は、裁定請求ができる。

⇨通常実施権者(独占的通常実施権者も含む)は、裁定請求できない。

(6)商標権に対する裁定請求はない。

⇨立体商標に係る商標権に対しても、保護対象が異なるため、裁定請求できない。

学習日	月　日	月　日	月　日	月　日
正答数	／5	／5	／5	／5

◎ 出た過去問！ 出る予想問！ **目標 4 分で答えよう** ◎

❏ 甲の特許権Aと乙の意匠権Bが同日の出願であって、特許権Aが意匠権Bと抵触する場合、特許権Aの存続期間が満了したときは、甲は、特許権Aの範囲内において、意匠権Bについて通常実施権を有する。[H24-3]　　☞(1)➡○

❏ 甲は、意匠イについて意匠権Aを有している。乙が、意匠イの後願の意匠ロについて意匠権Bの設定の登録を受けた。その後、意匠権Aは登録料が納付されず消滅したが、意匠権Bは存続している。この場合、甲は、意匠イと意匠ロの双方に類似する意匠ハについて、<u>業として実施をすることができる</u>。[R1- 意匠 10]　　☞(1)➡×

❏ 意匠権の存続期間の満了の際現にその意匠権についての専用実施権を有する者は、その満了の際に当該意匠権に係る<u>登録意匠又はこれに類似する意匠を実施している場合に限り</u>、意匠法第 32 条第 1 項に規定する通常実施権を有する。[H19-37]　　☞(2)➡×

❏ 登録意匠の実施が継続して 3 年以上日本国内において適当にされていないとき、当該登録意匠の実施をしようとする者は、そのことを理由として、当該意匠権者又は専用実施権者に対し、意匠法の規定により通常実施権の許諾について協議を求めることができる場合はない。[H17-42]

☞(4)➡○

❏ 独占的通常実施権者は、<u>裁定を請求することができる</u>。[予想問]　　☞(5)➡×

必ず出る！基礎知識 目標 **6** 分で覚えよう

1 通常実施権の移転

(1)許諾・法定通常実施権の移転は、①実施の事業とともにする場合、②意匠権者の承諾を得た場合、③相続その他の一般承継の場合に、することができる (34条1項)。

(2)後願者に設定された裁定通常実施権は、その通常実施権者の意匠権等が実施の事業とともに移転した場合にこれに従って移転し、事業と分離した場合又は消滅した場合に消滅する (34条3項)。

⇨先願者に設定された裁定通常実施権は、その通常実施権者の意匠権等の権利に従って移転し、権利が消滅した場合に消滅する (34条4項)。

2 質権の設定

(3)意匠権等を目的として質権を設定したときは、質権者は、契約で別段の定めをした場合を除いて、当該意匠又はこれに類似する意匠の実施ができない。意匠の実施権は、原則として、質権設定者たる意匠権者にある。

(4)質権者は、物上代位ができるが、払渡し又は引渡し前に差押えが必要である (35条2項、特96条、民304条参照)。

3 その他の特許法の準用規定

(5)関連意匠の意匠権者は、基礎意匠又は関連意匠の意匠権のみを放棄することができる。

(6)意匠権者は、意匠権の放棄をする際、裁定通常実施権者の承諾を得る必要はない (特97条参照)。

(7)意匠権が共有の場合、他の共有者の同意がなければ、実施権の設定・許諾をすることはできない。

学習日	月　日	月　日	月　日	月　日
正答数	／7	／7	／7	／7

2章

実施権の移転等

◉ 出た過去問！ 出る予想問！ **目標4分で答えよう** ◉

❏ 先使用による通常実施権は、実施の事業とともにする場合及び相続その他の一般承継の場合に限り、移転することができる。[H20-55]　　　　　　　　　　☞(1)答×

❏ 後願の意匠権者に設定された裁定通常実施権は、その通常実施権者の意匠権に従って移転し、当該意匠権が消滅した場合は消滅する。[予想問]　　　　　　　☞(2)答×

❏ 質権者は、登録意匠又はこれに類似する意匠の実施をすることができる場合がある。[予想問]　　　　　　☞(3)答○

❏ 質権者は、当該意匠権から生じる損害賠償債権などに物上代位をすることができる。ただし、その払渡し又は引渡し前に差押えをしなければならない。[予想問]　☞(4)答○

❏ 基礎意匠イ及びその関連意匠ロの意匠権者は、イの意匠権のみを放棄することができる。[H20-24改]　☞(5)答○

❏ 意匠権者は、その意匠権について意匠法第33条第3項又は第4項（通常実施権の設定の裁定）の裁定による通常実施権者があるときは、その通常実施権者の承諾を得た場合に限り、その意匠権を放棄することができる。[H17-32]
　　　　　　　　　　　　　　　　　　　☞(6)答×

❏ 意匠権者は、その意匠権が共有に係るときは、他の共有者の同意を得なければ、その意匠権について専用実施権を設定することができないが、通常実施権ならば他の共有者の同意無くして許諾できる。[H17-32改]　☞(7)答×

11 侵　害

1　直接侵害

(1)正当な権原等のない第三者が業として登録意匠又はこれに類似する意匠の実施をしている場合、意匠権者等は、差止請求ができる(23条、37条1項)。差止請求権(37条)には、故意又は過失の主観的要件は不要である。

⇨損害賠償請求権(民709条)には、故意又は過失の主観的要件が必要である。

(2)意匠権が共有の場合は、単独で差止請求・損害賠償請求できる。

(3)意匠権者は、全範囲に専用実施権が設定されていても、差止請求ができる。

(4)秘密意匠について差止請求をする場合は、20条3項各号に掲げる事項を記載した書面であって、特許庁長官の証明を受けたものを提示して警告しなければならない(37条3項)。

⇨損害賠償請求の場合は、警告は不要である。

⇨意匠公報の提示・警告ではない点に注意。

2　間接侵害

(5)間接侵害は、物品の意匠・建築物の意匠・画像の意匠それぞれに、次の態様のものがある(38条)。

　①「のみ品」の製造・譲渡・輸入等。

　②意匠の視覚を通じた美感の創出に不可欠な「不可欠品」の製造・譲渡・輸入等。

　③譲渡・輸出等の目的での所持、所有(建築物の場合)。

学習日	月　日	月　日	月　日	月　日
正答数	／5	／5	／5	／5

2章

侵

害

● 出た過去問！ 出る予想問！ 目標 **4** 分で答えよう ●

❏ 意匠権者甲の意匠権を乙が侵害し、甲が乙に対して侵害の差止め及び侵害により甲が受けた損害の賠償を請求した場合、甲の乙に対する差止請求は認められても、損害賠償請求は認められないことがある。ただし、甲の意匠権は、秘密意匠に係る意匠権ではないものとする。[H20-14]

☞(1)答○

❏ 意匠権が共有の場合は、差止請求・損害賠償請求共に単独で行うことができる。[予想問]　　　　　　　　　☞(2)答○

❏ 意匠権者は、自己の意匠権について、<u>範囲を全部とする専用実施権</u>を設定したときは、その意匠権を侵害するおそれがある者に対して、<u>その侵害の予防を請求することができない</u>。[H9-31]　　　　　　　　　　　　　☞(3)答×

❏ 秘密意匠に係る意匠権についての専用実施権者は、秘密にすることを請求した期間内に、当該専用実施権を侵害する者に対して<u>その侵害の停止を請求する</u>ためには、その意匠に関する意匠法第20条第3項各号に掲げる事項を記載した書面であって<u>経済産業大臣の証明を受けたもの</u>を提示して警告しなければならない。[H25-30]　　　☞(4)答×

❏ 意匠権の間接侵害は、いわゆる「のみ品」の譲渡等だけではなく、「意匠の視覚を通じた美感の創出に不可欠なもの」の譲渡等も該当する場合がある。[予想問]　　　　☞(5)答○

必ず出る！ 基礎知識　目標 **6** 分で覚えよう

1 損害の額

(1)損害賠償請求においては、譲渡数量に1個当たりの利益額を乗じた額を損害額とすることができる（39条1項）。

⇨但し、譲渡数量の全部又は一部に相当する数量を意匠権者又は専用実施権者が販売することができない事情があるとき（囫代替品の存在）は、その数量（特定数量）が譲渡数量から控除される（39条1項1号かっこ書）。

⇨ライセンス可能な場合、意匠権侵害の事実・権利者の許諾機会の喪失等を考慮した額を損害賠償請求することができる（39条1項2号・4項）。

(2)独占的通常実施権者は、損害賠償を請求できる。

⇨独占的通常実施権者が、ライセンス料相当額を損害賠償請求できるとの規定はない（38条3項参照）。

2 過失の推定等

(3)意匠権を侵害した者は、その侵害行為について過失があったと推定される（40条本文）。

(4)秘密意匠の意匠権侵害者の過失は、推定されない（40条但書）。

⇨但し、その間に警告等を行えば、それ以降の相手方の行為は、故意又は過失があったことになる。

(5)秘密意匠の場合、秘密期間中は過失の推定が働かない。

⇨秘密期間が経過しても、すぐに公報は出ないので、直ちに過失の推定が働くわけではない。

(6)意匠法では、当事者尋問の公開停止は、準用されない。

学習日	月　日	月　日	月　日	月　日
正答数	／5	／5	／5	／5

○ 出た過去問！ 出る予想問！ 目標 **4** 分で答えよう ○

❑ 意匠権者甲が、損害の額に関する意匠法第39条第1項の規定に基づき、侵害物品を販売した乙に対し損害賠償を請求する訴訟を提起した場合、裁判所は、乙の営業努力により市場が開拓されたという事情や市場において侵害物品以外に代替品・競合品が存在するという事情を参酌して賠償額を認定する場合がある。[H17-3]　　　　　☞(1)答○

❑ 意匠権者が、当該意匠権について通常実施権を許諾し、当該通常実施権者以外の者に実施許諾をしないことを約束しているとき、その通常実施権を侵害した者は、その通常実施権者に対して実施料相当額の損害を賠償する責任がある。[H14-43]　　　　　☞(2)答×

❑ 秘密意匠の登録意匠が秘密にすることを請求した期間内に、その登録意匠に類似する意匠を第三者が実施しても、当該意匠権の侵害の行為について過失があったものと認められることはない。[H15-32]　　　　　☞(4)答×

❑ 秘密意匠権者がその意匠権を侵害する者に対して損害賠償を請求する場合、秘密請求期間の経過後は、直ちに侵害行為について過失の推定規定の適用を受けることができる。[H16-40]　　　　　☞(5)答×

❑ 意匠権の侵害に係る訴訟における当事者等が、その侵害の有無についての判断の基礎となる事項であって当事者等の保有する営業秘密に該当するものについて、当事者等として尋問を受ける場合において、裁判所は、決定により、当該事項の尋問を公開しないで行うことができる。[H24-42]　　　　　☞(6)答×

13 登録料(1)

1 関連意匠の登録料

(1)関連意匠の出願手数料及び登録料は、通常の意匠の出願
手数料及び登録料と変わらない(42条等)。

⇨かつての類似意匠制度(旧10条)と異なり、関連意匠の意
匠権には独自の効力があるからである。

2 登録料不納でも権利が発生する場合

(2)意匠は公益性が乏しいので、減免・猶予の制度がない。

⇨国が出願人の場合は、料金不納でも意匠権が発生し、先
願の地位を有する。

3 登録料の納付期限

(3)意匠権の設定登録の際には、登録査定謄本の送達日から
30日以内に第1年分の登録料を納付する(43条1項)。

⇨当該期間には、①準特4条延長(長官の裁量による延長)、
②43条3項延長(登録料を納付する者の請求による延長)、
③不責事由による追完(43条4項)がある。

(4)国際意匠登録出願の出願人は、登録査定謄本送達の日か
ら30日以内に登録料を支払うことなく、意匠権が設定登
録される(60条の21第1項・3項、60条の13)。

⇨出願料に相当するものと、第1年～第5年分の登録料に
相当するものを、すでに国際事務局に納付しているから
である。

(5)設定登録料が不納の場合は、出願が却下され得る(準特
18条)。

◎ 出た過去問！出る予想問！ **目標 4 分で答えよう** ◎

❏ 関連意匠の意匠登録出願をする者の手数料及び関連意匠の意匠権の登録料は、通常の意匠登録出願の場合に比べて低く設定されている。[H18-43] ☞(1)答✕

❏ 意匠権の設定の登録を受ける者が資力に乏しい者であるとき、登録料の軽減又は免除を受けることができる場合がある。[H25-38] ☞(2)答✕

❏ 意匠権の設定の登録を受ける者が意匠法第 42 条（登録料）の規定による当該登録料を納付すべき期間内に納付しなかったときでも、当該意匠登録出願は、いわゆる先願の地位を有する場合がある。[H11-34] ☞(2)答◯

❏ 意匠権の発生のためには、意匠登録をすべき旨の査定又は審決の謄本の送達があった日から 30 日以内に第 1 年分の登録料の納付が必要であるが、出願人の請求により当該期間は延長される場合がある。[予想問] ☞(3)答◯

❏ 国際意匠登録出願の出願人は、意匠登録をすべき旨の査定又は審決の謄本の送達があった日から 30 日以内に個別指定手数料を納付しなければならない。[H27-55] ☞(4)答✕

❏ 設定登録料が不納の場合には、意匠登録出願を取り下げたとみなされる。[予想問] ☞(5)答✕

1   権利存続のための登録料

(1) 2 年目以降の登録料は、<u>前年以前</u>に納付しなければならない（43 条 2 項）。

(2) 前年以前に納付できない場合でも、その期間の経過後 <u>6 月</u>以内であれば、<u>理由</u>の有無を問わず、登録料等を納付することができる（44 条 1 項・2 項）。

(3) 上記(2)の期間中の登録料等の納付ができない場合には、その意匠権は <u>6 月前</u>に遡及して消滅する（44 条 4 項）。

⇨期間経過後 6 月間は意匠権が<u>残存</u>しており、期間経過後直ちに<u>消滅</u>するわけではない。

2   意匠権の回復

(4) 登録料等を追納期間内に納付できなかったことに<u>正当な理由</u>がある場合には、その理由がなくなった日から <u>2 月</u>以内、かつ、その期間の経過後 <u>1 年</u>以内に、登録料等の<u>追納</u>があれば、意匠権は回復する（44 条の 2 第 1 項・2 項）。

(5) 上記(4)により回復した意匠権は、<u>追納期間の経過後</u>から<u>回復の登録前</u>の間に行われた実施、結果物等に対しては、その効力が及ばない（44 条の 3）。

3   料金納付者

(6) 利害関係人は、<u>納付すべき者の意に反して</u>も、登録料を納付できる（43 条の 2 第 1 項）。この場合、利害関係人は納付すべき者に対し、<u>現存利益</u>の償還を請求できる（43 条の 2 第 2 項）。

⇨現存利益が納付金額<u>以上</u>の場合は、<u>全額</u>償還請求できる。

学習日	月　日	月　日	月　日	月　日
正答数	／6	／6	／6	／6

出た過去問！
出る予想問！ 目標 **4** 分で答えよう

❑ 意匠権者は、登録料の納付期間内に登録料を納付すること
ができないときは、その期間が経過した後であっても、そ
の期間の経過後3月以内でなければ、その登録料を追納す
ることができない。[H26-6] 　　　　　　　　☞(2)答×

❑ 2年目以降の登録料を前年以前に納付できない場合には、
意匠権者に不責事由がある場合に限り、登録料を追納する
ことができる。[予想問] 　　　　　　　　　　☞(2)答×

❑ 意匠権の存続のための料金を納付期間内に納付できない場
合には、当該意匠権は直ちに消滅する。[予想問]　☞(3)答×

❑ 2年目以降の登録料を前年又はその期間経過から6月以内
に納付できない場合に意匠権は消滅するが、原意匠権者に
正当理由がある場合、最大6月間の追納期間があり、料金
納付により意匠権は回復する。[予想問] 　　　　☞(4)答×

❑ 意匠法第44条第1項（登録料の追納）の規定により登録
料を追納することができる期間の経過により消滅したもの
とみなされた意匠権が、同法第44条の2（登録料の追納
による意匠権の回復）の規定により回復したとき、当該意
匠権の効力は、当該期間の経過後当該意匠権の回復の登録
前に日本国内において製造された当該登録意匠に係る物品
に及ぶ。[H22-12] 　　　　　　　　　　　　　☞(5)答×

❑ 意匠権に係る登録料に関し、納付すべき者である意匠権者
が反対の意思表示をしている場合であっても、当該意匠権
についての通常実施権者は意匠権者の意に反してこれを納
付することができ、かつ意匠権者に対して費用のすべてに
ついて償還を請求することができる。[H16-49] 　☞(6)答×

意匠法上の
不服申立て・
ジュネーブの特則

必ず出る！基礎知識　目標 **6** 分で覚えよう

1　拒絶査定不服審判の請求期間

(1)拒絶をすべき旨の査定を受けた者は、原則として、拒絶査定謄本の送達日から 3 月以内に、拒絶査定不服審判の請求ができる（46 条 1 項）。

(2)拒絶査定不服審判の請求期間には、①準特 4 条延長（長官による裁量延長）、②不責事由による追完がある（46 条 2 項）。

⇨追完が可能なのは、その理由がなくなった日から 14 日（在外者は 2 月）以内、かつ、その期間の経過後 6 月以内である。

2　補正却下決定不服審判の請求期間

(3)補正却下の決定を受けた者は、原則として、補正却下決定謄本の送達日から 3 月以内に、補正却下決定不服審判の請求ができる（47 条 1 項）。

(4)補正却下決定不服審判の請求期間には、①準特 4 条延長（長官による裁量延長）、②不責事由による追完がある（47 条 2 項）。

⇨追完が可能な期間は、上記(2)と同様である。

3　出願人が共有に係る場合

(5)意匠登録を受ける権利が共有に係る場合は、拒絶査定不服審判・補正却下決定不服審判ともに、共有者全員で審判の請求をしなければならない（準特 132 条 3 項）。

出た過去問！
出る予想問！ 目標**4**分で答えよう

3章

拒絶査定不服審判／補正却下決定不服審判 (1)

❏ 拒絶をすべき旨の査定を受けた者は、その査定に不服があるときは、その査定の謄本の送達があった日から3月以内に拒絶査定不服審判を請求することができる。[H26-6]

☞(1)答○

❏ 拒絶査定不服審判を請求する者がその責めに帰することができない理由により、意匠法第46条第1項に規定する期間内に拒絶査定不服審判の請求をすることができないときは、その理由がなくなった日から14日（在外者にあっては、2月）以内で<u>その期間の経過後3月以内</u>でなければ、その請求をすることができない。[H26-6]　　　　☞(2)答×

❏ 意匠法第17条の2第1項の規定による却下の決定を受けた者は、その決定に不服があるときは、その決定の謄本の送達があった日から3月以内に補正却下決定不服審判を請求することができる。[H26-6]　　　　☞(3)答○

❏ 補正却下決定不服審判を請求しようとする者が、その責に帰することができない理由により、意匠法第47条第1項に規定する期間内にその請求をすることができなかった場合、在内・在外者ともに、その期間の経過後<u>最大1年の追完</u>が認められる。[予想問]　　　　☞(2)(4)答×

❏ 意匠登録を受ける権利が共有の場合、審査中に行った補正が補正却下になったときは、共有者全員で補正却下決定不服審判を請求しなければならない。[予想問]　　　　☞(5)答○

補正却下決定不服審判(2)／無効審判の請求

1 補正却下決定不服審判の請求

(1)補正却下決定不服審判は、新出願(17条の3)が行われた後は、請求できない(47条1項但書)。

⇨もとの出願が取下擬制となり、その対象がなくなるからである。

⇨補正却下決定不服審判の請求後でも、新出願をすることができる。

2 補正却下決定不服審判の審理

(2)補正却下決定不服審判は、補正却下という行政処分自体を争う。

⇨特許法と異なり、拒絶査定不服審判の中で補正却下を争うことはできない。

3 無効審判請求人

(3)無効審判は、原則として、何人も請求することができる。

⇨特許法の場合は、原則として、利害関係人でなければ、無効審判を請求できない。

⇨冒認・共同出願違反の場合は、意匠登録を受ける権利を有する者でなければ、無効審判を請求することができない。

(4)冒認・共同出願違反の場合であって、26条の2により意匠登録を受ける権利を有する者が移転請求をし、その意匠権の移転の登録があったときは、無効審判請求はできない(48条1項1号かっこ書・3号かっこ書)。

学習日	月 日	月 日	月 日	月 日
正答数	／6	／6	／6	／6

出た過去問！
出る予想問！ 目標**4**分で答えよう

3章

補正却下決定不服審判(2)／無効審判の請求

❏ 意匠登録出願人は、意匠法第17条の2第1項の補正却下を受けた場合、その決定謄本の送達があった日から3月以内に新出願とともに補正却下決定不服審判請求をすることができる。[H19-49]　　　　　　　　　　☞(1)答×

❏ 補正却下決定不服審判を請求した後は当該意匠登録出願人は当該補正却下の決定に基づく新たな意匠登録出願を求めることはできない。[H8-37]　　　　　　　　☞(1)答×

❏ 補正の却下の決定を受けた後に当該意匠登録出願について拒絶査定不服審判を請求したときは、その審判において、その決定に対して不服を申し立てることができる。[H14-32]　　　　　　　　　　　　　　　　　　　　　☞(2)答×

❏ 意匠登録が条約に違反してされたときは、何人も、意匠登録無効審判を請求することができる。[R1-意匠8] ☞(3)答〇

❏ 冒認出願を理由とする無効審判請求は、当該意匠登録に係る意匠について意匠登録を受ける権利を有する者しかできない。[H29-意匠8]　　　　　　　　　　　☞(3)答〇

❏ 冒認の場合も、無効審判を請求できない場合がある。ただし、審判請求人適格は問題としないものとする。[予想問]　　　　　　　　　　　　　　　　　　☞(4)答〇

3 無効審判の理由・効果

必ず出る！基礎知識　目標 6 分で覚えよう

1 無効理由

(1)無効理由は、48条に限定列挙されている。

⇨①一意匠一出願(7条)、②組物(8条)、③内装(8条の2)、④関連意匠が本意匠に類似しない場合、あるいは登録時に本意匠が存しない場合(10条1項)、⑤関連意匠がみなし本意匠に類似しない場合、あるいは登録時に存しない場合(10条4項)は、拒絶理由だが、無効理由ではない。

⇨関連意匠のみに類似する関連意匠は、拒絶理由でも無効理由でもない。

(2)本意匠の意匠権に専用実施権が設定されている場合(10条6項)は、拒絶理由・無効理由である。

2 無効審決確定の効果

(3)意匠権は、無効審判の請求認容審決が確定した場合、後発無効の場合を除き、登録時点から遡及消滅するが、先願の地位は残る。

⇨冒認・共同出願違反で無効審決が確定した場合も、先願の地位が残る。

3 その他の無効審判

(4)秘密意匠の意匠権は、秘密期間中でも、無効審判の請求ができる。

(5)組物の意匠については、組物の構成物品等ごとに無効審判の請求をすることができない。

⇨構成物品等の一部が公知でも、原則として、拒絶理由・無効理由にはならない。

DATE & RECORD

学習日	月 日	月 日	月 日	月 日
正答数	／6	／6	／6	／6

出た過去問！出る予想問！ 目標 **4** 分で答えよう

3章
無効審判の理由・効果

❏ 意匠登録無効審判は、意匠法第7条で規定する経済産業省令で定めるところによりされていない意匠登録出願に対して意匠登録されたことを理由として請求することができる。
[H23-37 改]　　　　　☞(1)答×

❏ 組物を構成する物品に係る意匠についての意匠登録が、組物全体として統一がない意匠についてされたことを理由として、意匠登録無効審判を請求することができる。[H24-8]
☞(1)答×

❏ 関連意匠にのみ類似する意匠は、先願の関連意匠を本意匠として登録ができ、拒絶、無効理由ではない。[予想問]
☞(1)答○

❏ 意匠登録を受ける権利が共有に係る場合において、その共有者の一人が単独でした意匠登録出願に対して意匠登録がされたことを理由として、その意匠登録が無効にされたとき、当該意匠登録出願は、いわゆる先願の地位を有しない。
[H17-50]　　　　　☞(3)答×

❏ 意匠を秘密にすることを請求した期間内は、当該意匠登録を無効にすることについて意匠登録無効審判を請求することができない。[H9-4]　　　　　☞(4)答×

❏ 組物の意匠登録について、その組物を構成する1つの物品が、当該意匠登録出願前に公然知られた意匠に類似することを理由として無効とすることについて意匠登録無効審判を請求することができる。[H16-16]　　　　　☞(5)答×

· 79 ·

4 再審・審決等取消訴訟

1 再審による回復

(1)意匠権が再審により回復した場合、審決が確定した後、再審の請求の登録前に、善意に輸入し又は日本国内において製造し若しくは取得した当該登録意匠、又はこれに類似する意匠に係る物品等には、意匠権の効力が及ばない(55条1項)。

⇨「審決確定後・再審請求登録前」であって、「再審請求登録後・意匠権回復まで」ではない点に注意すること。

2 審決等に対する訴え

(2)拒絶査定不服審判で審判官により補正却下された場合は、補正却下決定不服審判の請求ではなく、審決等取消訴訟で争う(59条1項)。

⇨出訴期間は、30日である。補正却下決定不服審判の請求期間(3月)とは異なる。但し、附加期間及び民訴97条の追完がある。

(3)拒絶査定不服審判の段階で補正却下がされた場合、その補正却下後に、新出願をすることもできる。

⇨新出願の期間は、審決等取消訴訟の出訴期間と同様、30日である(50条1項)。審査段階とは異なる。

⇨審判長は、遠隔又は交通不便の地の者のため、請求又は職権で、新出願の期間を延長することができる(17条の4第2項)。

(4)意匠権の共有者の1人は、共有に係る意匠登録の無効審決がされたときは、単独で無効審決の取消訴訟を提起することができる。

学習日	月 日	月 日	月 日	月 日
正答数	／5	／5	／5	／5

出た過去問! 出る予想問! **目標4分で答えよう**

3章

再審・審決等取消訴訟

❏ 意匠登録を無効にすべき旨の審決が確定した後に再審により当該意匠権が回復した場合、その意匠権の効力は、<u>再審の請求の登録後再審により意匠権が回復するまでに、意匠権についての正当な権限を有しない者が善意に日本国内において製造した当該登録意匠に係る物品には及ばない。</u>
[H25-38]　　　　　　　　　　　　　　　　　☞(1)答✕

❏ 拒絶査定不服審判において、補正が審判官の合議体により決定をもって却下された。この場合、当該審判の請求人は、<u>補正却下決定不服審判を請求することができる。</u>[H25-25 改]
　　　　　　　　　　　　　　　　　　　　　☞(2)答✕

❏ 願書に添付した図面についてした補正が審判長により決定をもって却下された場合、その却下の決定を受けた者は、その決定に不服があるとき、その決定の謄本の送達があった日から <u>30 日を経過した後、補正の却下の決定に対する訴えを提起することはできない。</u>[H15-45]　　☞(2)答✕

❏ 拒絶査定不服審判において、願書の記載又は願書に添付した図面についてした補正が、<u>これらの要旨を変更するものに該当するとして決定をもって却下された。この場合、その決定の謄本の送達があった日から 3 月以内であればいつでも、その補正後の意匠について意匠法第 17 条の 3 の規定による新たな意匠登録出願をすることができる。</u>[H25-35]
　　　　　　　　　　　　　　　　　　　　　☞(3)答✕

❏ 意匠権が共有にかかるものであり、無効審決がなされたとき、審決取消訴訟は<u>単独で提起できない。</u>[H28- 意匠 9 改]
　　　　　　　　　　　　　　　　　　　　　☞(4)答✕

必ず出る！基礎知識 目標 6 分で覚えよう

1 国際登録出願

(1)国際出願をする場合、基礎出願等は不要である。また、国際出願は、特許庁長官にすることができる(60条の3第1項)。

⇨マドプロの特則では、基礎出願等が必要であり、国際登録出願は、特許庁長官にしなければならない(商68条の2第1項)。

(2)特許庁長官に国際出願(国際登録出願という)をする場合は、経済産業省令で定める外国語で作成した願書等を提出しなければならない(60条の3第2項)。

(3)特許庁長官は、手数料の納付についてのみ審査し、不納の場合には、補正命令を行う(60条の4かっこ書)。

⇨マドプロの特則と同様である(商68条の7)。

2 国際意匠登録出願に係る特例(1)

(4)①日本国を指定締約国とする国際出願であって、②その国際出願に係る国際登録について、③国際公表がされたものは、国際登録の日にされた意匠登録出願とみなされる(60条の6第1項)。

(5)2以上の意匠を包含する国際出願は、「国際登録の対象である意匠ごとにされた意匠登録出願」とされる(60条の6第2項)。従って、登録後は、それぞれが一意匠権となる。

(6)国際意匠登録出願において、新規性喪失の例外の手続である「その旨を記載した書面及び証明書面」は、国際公表があった日後の経済産業省令で定める期間内に提出できる(60条の7)。

学習日	月 日	月 日	月 日	月 日
正答数	／7	／7	／7	／7

出た過去問！出る予想問！ 目標 **4** 分で答えよう

3章

ジュネーブの特則(1)

❏ 特許庁長官に国際出願（国際登録出願）をするためには、基礎登録または基礎出願がなければならない。[予想問]

☞(1)答×

❏ 国際出願は、国際事務局に直接行うことができないので、特許庁長官にしなければならない。[予想問]　☞(1)答×

❏ 特許庁長官に国際出願をする場合、日本語で作成した願書を提出することができる。[H27-55]　☞(2)答×

❏ 特許庁長官に国際出願をする場合、特許庁長官は、出願人が制限能力者であっても、補正命令はしない。[予想問]

☞(3)答○

❏ 日本国を指定締約国とする国際出願は、国際公表されることにより、日本国での意匠登録出願とみなされる。[H27-55]

☞(4)答○

❏ 国際登録出願においては一出願に複数の意匠を含むことが許容されているので、国際意匠登録出願では複数の意匠について一つの意匠権が成立する。[H27-55]　☞(5)答×

❏ 意匠法第4条第2項の規定の適用を受けようとする国際意匠登録出願の出願人は、意匠法第3条第1項第1号又は第2号に該当するに至った意匠が意匠法第4条第2項の規定の適用を受けることができる意匠であることを証明する書面を、国際登録後であれば国際公表前であっても、特許庁長官に提出することができる。[R1-意匠5]　☞(6)答×

ジュネーブの特則(2)

1 国際意匠登録出願に係る特例(2)

(1)国際意匠登録出願では、秘密意匠の請求ができない(60条の9)。国際公表されるからである。

(2)国際意匠登録出願では、準特43条等は適用しない。

(3)意匠登録を受ける権利及び意匠権は、一般承継の場合でも、国際事務局に届け出なければ、移転の効果は生じない(60条の11、60条の18)。

(4)意匠権の放棄に、実施権者の承諾は不要(60条の17第2項)。

2 国際公表の効果等

(5)国際公表後の実施者に対しては、警告を条件として、補償金請求権が発生する(60条の12)。特65条と同様、悪意の実施者に対しては、警告は不要である。

3 個別指定手数料

(6)国際意匠登録出願及び更新をする者は、個別指定手数料を国際事務局に納付する(60条の21)。

⇨国際出願の際に、個別手数料を国際事務局に納付する。

(7)国際意匠登録出願は、マドプロの特例と異なり、出願料と第1年～第5年分の登録料を一括で支払う。

⇨国際意匠登録出願が取り下げられ、又は拒絶査定・審決が確定した場合には、その日から6月以内に、個別指定手数料の返還を請求できる(60条の22第1項・2項)。

⇨上記「6月」の期間には、不責事由による追完がある(60条の22第3項)。追完期間は、その理由がなくなってから14日(在外者は2月)以内、かつ、期間経過後6月以内である。

学習日	月 日	月 日	月 日	月 日
正答数	／7	／7	／7	／7

出た過去問！ 出る予想問！ **目標 4 分で答えよう**

3章

ジュネーブの特則(2)

❏ ハーグ協定のジュネーブ改正協定に規定する国際意匠登録出願の出願人は、その意匠を我が国における秘密意匠（意匠法第14条)とすることを、請求することができない。[R1-意匠2] ☞(1)答○

❏ 国際意匠登録出願についてパリ条約第4条D(1)の規定により優先権の主張をしようとする者は、その旨を記載した所定の書面を国際公表の日から所定の期間内に提出することができると意匠法に規定されている。[H29-意匠5] ☞(2)答×

❏ 日本を指定締約国とする国際出願で、国際公表されたものは、我が国の出願とみなされるから、意匠登録を受ける権利の一般承継の場合には、国際事務局に届け出なくとも、移転の効力が生じ得る。[予想問] ☞(3)答×

❏ 国際登録を基礎とした意匠権を放棄する場合は、専用実施権者の承諾が必要である。[予想問] ☞(4)答×

❏ 意匠法には、補償金請求権という制度はない。[予想問] ☞(5)答×

❏ 国際意匠登録出願の出願人は、意匠登録をすべき旨の査定又は審決の謄本の送達があった日から30日以内に個別指定手数料を納付しなければならない。[H27-55] ☞(6)答×

❏ 国際意匠登録出願について拒絶をすべき旨の査定又は審決が確定した日から6月を経過するまでに、納付した者の請求があれば、個別指定手数料の返還がなされる。[予想問] ☞(7)答○

商標出願等

1 商　標

1　商標の定義 (2条1項)

(1)「商標」とは、標章であって、商品・役務に使用するものをいう。

(2)「標章」とは、人の知覚によって認識することができるもののうち、文字・図形・記号・立体的形状・色彩又はこれらの結合、音、その他政令で定めるものをいう。

⇨匂いや触感等は、商標とはならない。

(3)表面の凹凸（例石鹸の凹凸）は、平面商標である。

2　商品商標 (2条1項1号)

(4)商品商標とは、標章であって、業として、①商品を生産し、②証明し、③譲渡する者が、その商品について使用するものをいう。

3　役務商標 (2条1項2号・2項)

(5)役務商標とは、標章であって、業として、①役務を提供し、②証明する者が、その役務について使用するものをいう。

⇨但し、商品商標にも該当する場合は、商品商標となる。

　例運送業者が有償で自社のロゴ入り段ボールを販売する場合

(6)小売及び卸売の業務において行われる顧客に対する便益の提供 (2条2項) は、役務に含まれる。

⇨商品の品揃え・陳列・接客サービス等といった、最終的に商品の販売により収益をあげるものをいう。

⇨小売それ自体は、役務ではない。

学習日	月　日	月　日	月　日	月　日
正答数	／7	／7	／7	／7

出た過去問！ 出る予想問！ 目標 4 分で答えよう

❏ 「色彩」は商標の構成要素ではあるが、文字、図形又は記号と異なり独立して構成要素となることはできない。[H24-26]　　　☞(1)(2)答×

❏ 商標法第2条第1項には、「この法律で『商標』とは、人の知覚によって認識することができるもの」と規定されているので、商標法上は、人の視覚、聴覚、味覚、嗅覚、触覚で認識できるものは、すべて「商標」に該当する。[H28-商標1]　　　☞(1)(2)答×

❏ 商標の使用について、「グルメの妖怪」というキャラクターの図形の平面商標を、飲食店の壁に凹凸のある形状で付したときに、当該平面商標の使用に該当する場合はない。[H27-7]　　　☞(3)答×

❏ 商標法第2条第1項には、「商品」に係る「商標」について、「標章」であって「業として商品を加工」する者がその商品について使用するものが規定されている。[H28-商標1]　☞(4)答×

❏ 役務提供者である運送業者が、独立して自社のロゴ入り段ボールを販売している場合は、商品商標の使用になる。[予想問]　　　☞(5)答○

❏ 商標登録出願において、「操作方法の説明とともにするコンピュータの小売」は、指定役務とすることができる。[H16-2]　　　☞(6)答×

❏ 小売等役務には、小売又は卸売の業務において行われる商品の品揃え、陳列、接客サービス等といった総合的なサービス活動が該当する。[H30-商標7改]　　　☞(6)答○

1 新しいタイプの商標の種別

(1)立体的形状の商標、色彩のみからなる商標、音の商標、ホログラムの商標、動きの商標及び位置の商標も、商標として認められる。

(2)ホログラムの商標、動きの商標及び位置の商標は、商標法には個別に明記されていない（2条1項柱書）。

(3)事務所・店舗等の外観や内装も、立体商標として保護される。

(4)色彩のみの商標も認められる。

(5)音も商標として認められるが、音と他の構成要素との結合は、政令で定められない限り、商標に該当しない。

2 新しいタイプの商標の出願

(6)「動き商標」の願書への記載は、その商標の時間の経過に伴う変化の状態が特定されるように表示した1又は異なる2以上の図又は写真によりしなければならない。

(7)①動き商標、②ホログラム商標、③色彩のみからなる商標、④位置商標は、詳細な説明に商標を特定する記載をすることが必要である。

⇨⑤音商標、⑥立体商標（店舗の外観や内装の商標の出願等）は、必要がある場合に限り、詳細な説明に商標を特定する記載をすることが必要となる（商標施規4条の8）。

⇨音商標はさらに、経済産業省令で定める物件を添付する必要がある（商標施規4条の8）。

学習日	月　日	月　日	月　日	月　日
正答数	／6	／6	／6	／6

出た過去問！ 出る予想問！ 目標 **4** 分で答えよう

4章

新しいタイプの商標

❏ 商標の定義規定（商標法第2条第1項）において、立体的形状の商標、色彩のみからなる商標、音の商標、ホログラムの商標、動きの商標及び位置の商標が、個別に明記されている。[R1- 商標 1]　　　　　　　　　　　☞(1)(2)答×

❏ 事務所の店舗の外観、内装は意匠として保護され、意匠権は有限の権利であるから、更新申請によって永久権となり得る商標としては保護されない。[予想問]　　　　☞(3)答×

❏ 商標の定義において、「色彩」は、独立して商標の構成要素となり得るが、ここでいう「色彩」は、白及び黒を含む。[R1- 商標 1]　　　　　　　　　　　　　　　　☞(4)答○

❏ 映画館で上映される映画の冒頭で、映画制作会社のテーマ曲に合わせて同社の社標が動くものについては、テーマ曲である音及び社標の動きのいずれも人の知覚によって認識できるものであるから、音と動きが結合した1つの商標として、商標法第2条第1項に規定する商標に該当する。[H29-商標 2]　　　　　　　　　　　　　　　　　☞(5)答×

❏ 「動き商標」の願書への記載は、その商標の時間の経過に伴う変化の状態が判るように記載する必要があるから、異なる2以上の図又は写真によりしなければならない。[予想問]　　　　　　　　　　　　　　　　　　　☞(6)答×

❏ 商標法第5条第2項第5号に定める「前各号に掲げるもののほか、経済産業省令で定める商標」とは、位置商標である。位置商標に係る商標登録出願については、その商標の詳細な説明を願書に記載するとともに、経済産業省令で定める物件を願書に添付しなければならない。[H30- 商標 6]　　☞(7)答×

1 法上の商品

(1)法上の商品とは、市場で商取引の対象となり得る<u>流通性・代替性</u>を有する物であり、<u>有体動産</u>に限られ<u>ない</u>。

⇨「物」は、<u>有体物</u>を基本とするが、無体物でも、<u>ダウンロード</u>可能で流通性があれば、法上の商品である。

(2)<u>百貨店</u>・<u>マンション</u>は、法上の商品・役務では<u>ない</u>。

⇨建物の売買は、<u>役務</u>となる。

(3)薬剤としての<u>麻薬</u>は、法上の商品である。

(4)液体(飲料)・気体(空気)は、ボンベ等の<u>容器に充填</u>して取引の対象にすれば、法上の商品である。

⇨液体・気体自体を供給すること(例ガスの供給)は、<u>役務</u>となる。

(5)商取引の対象は通常、<u>有償</u>であるため、ノベルティ商品等の<u>無償配布</u>されるものは、法上の商品であることが<u>否定される</u>場合がある。

2 法上の役務

(6)法上の役務とは、①他人のために行う<u>労務</u>又は<u>便益</u>であって、②<u>独立</u>して商取引の対象となるものをいう。

⇨「他人のために行う」ものであるから、<u>自社の宣伝広告・自社の社員の教育</u>等は、法上の役務に含まれ<u>ない</u>。

(7)<u>公共の役所</u>が行うサービスは、商取引の対象とならないので、法上の役務では<u>ない</u>。

(8)<u>ボランティア</u>は、経済的価値はなく、商取引の対象とならないので、法上の役務では<u>ない</u>。

学習日	月　日	月　日	月　日	月　日
正答数	／9	／9	／9	／9

出た過去問！
出る予想問！ 目標 **4** 分で答えよう

4章

商品・役務

❑ インターネットを通じてダウンロード可能な音楽は商品である。[H16-2]　☞(1)㊐○

❑ 百貨店は、商標登録出願において商品又は役務のいずれにも指定することができない。[H10-4]　☞(2)㊐○

❑ 合成麻薬は商標登録出願において指定商品又は指定役務とすることができる。[H8-48]　☞(3)㊐○

❑ 空気は、商標登録出願において商品又は役務のいずれにも指定することができない。[H10-4]　☞(4)㊐×

❑ 商標法上、商品については定義されていないものの、商取引の目的たりうべき物、特に動産をいうと解されているが、天然ガス、液化石油ガス等の気体燃料は、商標法上の商品にはなり得ない。[H25-60]　☞(4)㊐×

❑ 景品としての折り紙は商標登録出願において指定商品とすることができる。[H3-36]　☞(5)㊐×

❑ 商標法上の役務は、他人のために行う労務又は便益であって、独立して商取引の目的たりうべきものと解されているが、これには役務の提供に付随して提供される労務や便益が含まれる。[H25-60]　☞(6)㊐×

❑ 印鑑登録証明書の交付は法上の役務である。[H18-17]
　☞(7)㊐×

❑ ボランティア等の無償の奉仕活動も、商標法上の「役務」に含まれる。[予想問]　☞(8)㊐×

・93・

4 商標の使用⑴

1 商品商標の使用

(1)商品又は商品の包装に標章を付する行為は、商標の使用である（2条3項1号）。

⇨これは、準備行為としての商品商標の使用である。

⇨「包装」には、容器を含む。しかし、実際に商品を包むのに用いられていない包装用紙等は含まれない。

(2)商品又は商品の包装に標章を付したものを譲渡し、引き渡し、又はそのために展示し、輸出・輸入する行為、電気通信回線を通じて提供する行為は、商標の使用である（2条3項2号）。

⇨これは、商品商標の使用の実行行為である。

2 役務商標の使用⑴

(3)役務の提供に当たり、その提供を受ける者の利用に供する物（譲渡し又は貸し渡す物を含む）に標章を付する行為は、商標の使用である（2条3項3号）。

⇨これは、役務提供の準備行為である。

⇨①役務提供者の所有物に標章を付する点、②当該物は有体物であるが、商品商標とは異なり、その物が取引対象となっていない点に注意せよ。

(4)役務の提供に当たり、役務の提供を受ける者の利用に供する物に標章を付したものを用いて、実際に役務を提供する行為は、商標の使用である（2条3項4号）。

⇨これは、役務提供行為である。

⇨注意点は、上記(3)①②に同じ。

⇨さらに、輸入は、役務商標の使用ではない点に注意せよ。

学習日	月　日	月　日	月　日	月　日
正答数	／5	／5	／5	／5

出た過去問！出る予想問！ 目標 **4** 分で答えよう

❑ 商標法第2条第3項に規定する「商品の包装」は、実際に商品を包むのに用いられていない包装用紙も含む。[R1-商標2]　　☞(1)答×

❑ 標章を付した商品を輸出する行為は、その商品は輸出先国での販売が予定されているので、わが国での商標の使用には当たらない。[H23-7]　　☞(2)答×

❑ 洋品販売店において、試着室に標章を付する行為は、「役務の提供に当たりその提供を受ける者の利用に供する物（譲渡し、又は貸し渡す物を含む。）に標章を付する行為」に該当する。[H19-24]　　☞(3)答○

❑ 役務の提供に当たりその提供を受ける者の利用に供するため貸し渡す物に標章を付したものを、これを用いて当該役務を提供するために輸入する行為は、商標法第2条に規定する標章についての使用に該当する。[H22-35]　　☞(4)答×

❑ ホテルが、その宿泊客の利用に供する寝具に自己の標章を付したものを輸入する行為は、その役務（宿泊施設の提供）についての標章の使用に該当しない。[H29-商標9]　☞(4)答○

4章

商標の使用(1)

5 商標の使用⑵

1 役務商標の使用⑵

(1)役務の提供の用に供する物に標章を付したものを、役務の提供のために展示する行為は、商標の使用である（2条3項5号）。

⇨①役務提供者の所有物に標章を付する点、②当該物は有体物であるが、商品商標とは異なり、その物が取引対象となっていない点に注意せよ。

(2)役務の提供に当たり、その提供を受ける者が所有する役務提供の対象物に標章を付する行為は、商標の使用である（2条3項6号）。

⇨他の役務商標の使用とは異なり、役務の提供を受ける側の所有物に標章を付する点に注意せよ。

　囲クリーニング業者が顧客の衣服等にタグを付す行為

(3)ネットワークを通じたサービス提供に当たり、標章を表示して役務を提供する行為は、役務商標の使用である（2条3項7号）。

2 商品・役務商標両者の使用

(4)商品・役務について標章を付しての宣伝広告行為は、商標の使用である（2条3項8号）。

⇨商品・役務との関係がわからなければ、使用ではない。

(5)音の標章について、機器を用いて再生する行為や楽器を用いて演奏する行為といった、商品の譲渡・引渡し、役務の提供のために実際に音を発する行為は、商標の使用である（2条3項9号）。

学習日	月　日	月　日	月　日	月　日
正答数	／6	／6	／6	／6

◎ 出た過去問！ 出る予想問！ **目標4分で答えよう** ◎

4章

商標の使用(2)

❏ 靴修理業者が、靴修理に使用する靴修理機械に当該靴修理業者の標章を付したものを、その顧客に見えるように設置しておくことは、「役務の提供の用に供する物に標章を付したものを役務の提供のために展示する行為」に該当する。
[H30- 商標 7]　　　　　　　　　　　　　　　　　☞(1)答○

❏ クリーニング店が、クリーニング後の顧客の被服類に、自己の標章を表示したタグを付す行為は、被服類のクリーニングについての標章の使用に該当する。[H29- 商標 9]

☞(2)答○

❏ インターネットバンキング（インターネットを通じて銀行が提供する振込み・振替等の役務）での銀行のホームページ画面における役務についての標章の表示は、標章の使用には該当しない。[H15-4]　　　　　　　　☞(3)答×

❏ 標章のみを表示した店頭の看板であっても、その店舗の状況等からして特定の商品、役務を広告していることが明らかであると判断される場合には、商標の使用となることがある。[H24-26]　　　　　　　　　　　　☞(4)答○

❏ 店頭以外の離れた場所に、商品・役務を示さないで単に標章のみを表示した看板を設置して広告する行為は、標章の使用に該当する。[H15-4]　　　　　　　　　　☞(4)答×

❏ 飲食店の店内に置かれた「グルメの妖怪」というキャラクターが、飲食物の提供に際して、言語的要素のない一定の同じ音を発する行為は、音の商標の使用に該当する場合がある。[H27-7]　　　　　　　　　　　　☞(5)答○

1 自己の業務に係る商品等（3条1項柱書）

⑴自己の業務に係る商品等に使用する蓋然性が全くない商標については、拒絶理由・異議申立理由・無効理由となる（15条1号、43条の2第1号、46条1項1号）。

⇨実際に使用している必要はない。

⇨「自己の業務」には、出願人本人の業務に加え、実質的に出願人の支配下にあると認められる者の業務を含む。

⇨当該役務を行うのに国家資格等を有することが義務づけられている場合であって、出願人が当該資格を有していない場合には、登録要件を満たさない。

⇨広く商品等を指定した場合は、登録要件を満たさない。

⇨判断時点は、査定時・審決時である。

⑵団体商標の場合は、必ずしも団体自身が使用する必要はないが、少なくとも構成員に使用の蓋然性が必要。それすらない場合は、登録要件を満たさず、拒絶される。

2 普通名称（3条1項1号）

⑶普通名称は、原則として、登録されない。

⇨普通名称か否かは、その商品・役務との関係で決まる。

⇨普通名称であっても、特殊な態様で表示した場合や、商標の一部としてその名称が含まれる場合は、3条1項1号の適用を免れる。

⇨取引者が商品等の一般名称と認識する必要があり、一般消費者等が意識しても、普通名称とはいえない。

⑷地域団体商標でも、3条1項1号の適用の是非を判断する（7条の2第1項柱書かっこ書）。

学習日	月 日	月 日	月 日	月 日
正答数	／6	／6	／6	／6

出た過去問！出る予想問！ 目標4分で答えよう

❑ 現に行っている業務に係る商品について使用する商標についてでなければ商標登録を受けることができない。[S57-32]
☞(1)答×

4章 登録要件(1)

❑「自己の業務」には、出願人がその総株主の議決権の過半数を有する株式会社の業務が含まれる。[予想問] ☞(1)答○

❑「工業所有権の代理」を指定役務とする場合、株式会社は当該役務を自己の業務とすることはできないため、登録を受けることができない。[予想問] ☞(1)答○

❑ 団体商標の商標登録出願については、当該団体のみが指定商品又は指定役務について出願に係る商標を使用する場合であっても、商標法第3条第1項柱書に規定する「自己の業務に係る商品又は役務について使用をする商標」に該当し、商標登録を受けることができる。[H26-34] ☞(2)答×

❑ 商品の普通名称を普通に用いられる方法で表示される標章のみからなる商標は商標登録され得る。[S59-38 改]
☞(3)答○

❑ 商標法第3条第1項第1号に規定される「商品の普通名称」に該当するためには、一般の消費者が特定の名称をその商品の一般的な名称であると意識するに至っていれば足りる。[H30- 商標 4] ☞(3)答×

必ず出る！
基礎知識 **目標 6 分で覚えよう**

1 慣用商標（3条1項2号）

⑴慣用商標は、原則として、登録されない。

⇨その商品・役務との関係が考慮される。

⇨3条2項が適用されることもなく、登録されない。

⇨慣用商標に類似する商標は、3条1項6号に該当する可能性があり、その場合は、やはり登録されない。

⑵地域団体商標でも、3条1項2号の適用の是非を判断する（7条の2第1項柱書かっこ書）。

2 記述的商標（3条1項3号）

⑶記述的商標は、原則として、登録されない。

⇨その商品・役務との関係が考慮される。

⇨記述的商標とは商品の品質を指す場合があるが、その判断は、取引業者・需要者にその認識があればよく、一般消費者の認識を問題としない。

⑷産地表示は、実際の産地でなくても、3条1項3号に該当し、登録されない。

⑸容器の形状をした立体商標は、容器の形状を逸脱しない以上、3条1項3号に該当し、登録されない。

⑹商品が通常発する音又は役務の提供にあたり通常発する音を、普通に用いられる方法で表示する標章のみからなる商標は、3条1項3号に該当し、登録されない。

⑺小売等役務に該当する役務において、商標がその取扱商品を表示する標章と認められるときは、その役務の「提供の用に供する物」を表示するものとして、3条1項3号に該当し、登録されない。

学習日	月 日	月 日	月 日	月 日
正答数	／6	／6	／6	／6

🔵 出た過去問！ 出る予想問！ **目標 4 分で答えよう** 🔵

❏ その商品について<u>慣用されている</u>商標に<u>類似する</u>商標は、<u>商標法第3条第1項第2号の規定に該当</u>し、商標登録を受けることができない。[H26-45]　　　　　　☞(1)答×

❏ 商標登録出願に係る商標が、「指定商品の品質を表示するもの」に該当するものというためには、当該商標がその商品の品質を表示するものとして一般消費者間で広く認識されていないものであっても、<u>取引業者間で認識されているものであれば足りる</u>。[H20-3]　　　　　☞(3)答○

❏ 商標登録出願に係る商標が、「商品の産地を普通に用いられる方法で表示する標章のみからなる商標」に該当するというためには、当該出願の指定商品が当該商標の表示する土地において<u>現実に生産されていることを要する</u>。[H20-3] ☞(4)答×

❏ 指定商品の包装の形状そのものの範囲を出ないと認識されるにすぎない商標は、当該形状に係る商品が現実の取引上存在していない場合であっても、その商標の使用により自他商品識別力を獲得していない限り、当該商標登録出願は拒絶される。[H21-18]　　　　　　　　☞(5)答○

❏ 商品が通常発する音は、商品の「その他の特徴」を普通に用いられる方法で表示する標章のみからなる商標に該当する。[H27-43 改]　　　　　　　　　　　　　　☞(6)答○

❏ いわゆる小売等役務に該当する役務を指定する商標登録出願において、当該出願に係る商標がその小売等役務の取扱商品を<u>普通に用いられる方法で表示する標章のみからなるものと認められ</u>ても、それを理由として当該商標登録出願は<u>拒絶されない</u>。[R1- 商標 3]　　　　　　☞(7)答×

必ず出る！
基礎知識 **目標 6 分で覚えよう**

1 その他の登録要件

(1)ありふれた氏又は名称は、原則として、登録されない（3条1項4号）。

⇨①商品・役務との関係は問わない。②特殊な態様で表示した場合や商標の一部として含む場合は、3条1項4号の適用を免れる。③3条2項の適用がある。④氏名は、本号の対象外。

(2)極めて簡単で、かつ、ありふれた標章のみからなる商標は、原則として、登録されない（3条1項5号）。

⇨商品・役務との関係は問わない。

⇨3条2項の適用がある。

(3)3条1項6号は、3条1項1号～5号までの総括条項。

⇨商標が、元号として認識されるにすぎない場合は、3条1項6号に該当し、登録されない。

⇨3条2項の適用はない。

2 使用による識別力の取得（3条2項）

(4)3条1項3号～5号に該当する商標であっても、使用によって全国的周知性を具備した場合は、商標登録を受けることができる（3条2項）。

⇨3条1項1号・2号・6号には、3条2項の適用がない。

(5)3条2項の適用には、使用によって全国的周知となることが必要だが、出願人自らがその商標を使用していた場合に限られるものではない。

(6)3条2項の適用には、原則として、出願商標及び指定商品等と使用されている商標及び商品等の同一性が必要。

学習日	月　日	月　日	月　日	月　日
正答数	／6	／6	／6	／6

出た過去問！出る予想問！ 目標 4 分で答えよう

❏ 「鈴木」はありふれた氏であり、「一郎」もありふれた名であると判断された場合、これらを普通に用いられる方法で「鈴木一郎」と表示する標章のみからなる商標は、商標法第3条第2項に規定する商標に該当する場合を除いて、商標登録されることはない。[H18-50]　　☞(1)答×

❏ 極めて簡単な標章のみからなる商標又はありふれた標章のみからなる商標は、いずれも、使用により自他商品又は自他役務の識別力を獲得していない限り、当該商標登録出願は拒絶される。[H21-18]　　☞(2)答×

❏ 元号として認識されているにすぎない商標は登録にならないが、その元号に識別力のある言葉が付加された場合には商標登録される場合がある。[予想問]　　☞(3)答○

❏ 商標登録出願において指定する役務について、その役務の普通名称を普通に用いられる方法で表示する標章のみからなる商標については、商標法第3条第2項に規定する商標に該当するものとして、商標登録を受けることができる場合はない。[H18-50]　　☞(4)答○

❏ 指定商品の品質を普通に用いられる方法で表示する標章のみからなる商標につき、使用をされた結果需要者が何人かの業務に係る商品であることを認識することができるとして商標登録を受けることができるのは、当該商標登録出願に係る出願人自らがその商標を使用していた場合に限られるものではない。[H14-14]　　☞(5)答○

❏ 出願商標と使用商標とが外観において異なる場合は、原則として、3条2項の適用はない。[予想問]　　☞(6)答○

4章

登録要件(3)

必ず出る！基礎知識 目標 6 分で覚えよう

1 国旗・菊花紋章等（パリ条約の要請）

(1)国旗・菊花紋章・勲章・褒章・外国の国旗と同一・類似の商標は、登録されない（4条1項1号）。

⇨パリ条約の同盟国・世界貿易機関加盟国・商標法条約の締約国の国旗等に限らない。

⇨商標の全体からみて菊花紋章等と類似でなければ、商標登録を受けることができる。

⇨商品等との関係は見ない。

⇨全体としては非類似でも、国旗等が一部に顕著に含まれている場合には、当該国・皇室の権威を傷つけるため、登録されない。

2 同盟国の紋章等（パリ条約の要請）

(2)パリ条約同盟国・世界貿易機関加盟国・商標法条約の締約国の紋章その他の記章であって、経済産業大臣が指定したものと同一・類似の商標は、登録されない（4条1項2号）。

⇨商品等との関係は見ない。

⇨判断時は、査定時・審決時である。

3 国際機関の標章等（パリ条約の要請）

(3)国際連合その他の国際機関を表示する標章であって、経済産業大臣が指定するものと同一・類似の商標は、登録されない（4条1項3号）。

⇨商品等の関係は、原則として見ない（例外あり）。

⇨判断時は、査定時・審決時である。

⇨国際機関と関係があるとの誤認が生じない商品等に出願した場合は、登録されることがある。

学習日	月 日	月 日	月 日	月 日
正答数	／7	／7	／7	／7

出た過去問！出る予想問！ 目標 **4** 分で答えよう

❏ 商標登録出願に係る商標が、外国の国旗と同一又は類似のものである場合であっても、当該外国がパリ条約の同盟国、世界貿易機関の加盟国又は商標法条約の締約国以外のものであれば、その商標について<u>商標登録を受けることができる</u>。[H19-14]　　　　　　　　☞(1)圀×

❏ 菊花紋章を一部に含む図形商標であっても、商標登録を受けることができる場合がある。[H30-商標9]　　☞(1)圀○

❏ 商標登録出願に係る商標に<u>勲章と類似する部分がある場合</u>は、<u>その出願は常に拒絶される</u>。[H8-30]　　☞(1)圀×

❏ 商標登録出願に係る商標が、<u>その一部に菊花紋章を顕著に有するものであっても、商標登録を受けることができる場合がある</u>。[H22-50]　　　　　　　　　　☞(1)圀×

❏ 商標登録出願に係る商標が、その商標登録出願の時において商標法条約の締約国の国の紋章であって経済産業大臣が指定するものと類似するものであれば、査定時に当該紋章が<u>経済産業大臣の指定するものでなくなった場合でも、商標登録を受けることはできない</u>。[H23-59]　☞(2)圀×

❏ 国際連合その他の国際機関を表示する標章と同一又は類似の商標は、<u>商標登録されることはない</u>。[H20-9]　☞(3)圀×

❏ 国際連合その他の国際機関を表示する標章であって経済産業大臣が指定するものと同一又は類似の商標であっても、商標登録を受けることができる場合がある。[H30-商標9]
　　　　　　　　　　　　　　　　　　☞(3)圀○

10 不登録事由(2)

1 赤十字 (ジュネーブ条約の要請)

(1)白地赤十字等の標章・名称と同一・類似の商標は、登録
　されない (4条1項4号)。

⇨日本赤十字社を含め、誰が出願しても登録されない。

⇨図形だけではなく、文字も登録されない。

2 監督用・証明用の紋章 (パリ条約の要請)

(2)政府・地方公共団体が使用する監督・証明用の印章・記
　号のうち、経済産業大臣の指定するものと同一・類似の
　標章を有する商標は、登録されない (4条1項5号)。

⇨商標の一部に含まれる場合も、本規定に該当する。

⇨商品等が同一・類似でなければ、本規定に該当しない。

3 条約を根拠としない不登録事由(1)

(3)国・地方公共団体若しくはこれらの機関、又は営利を目
　的としない公益団体等を表示する著名標章と同一・類似
　の商標は、登録されない (4条1項6号)。

⇨当該団体が出願した場合は、登録される (4条2項)。

⇨著名でなければ、本規定に該当せず、登録される。

⇨公益的な規定であるため、当該団体から承諾を受けた者
　が出願した場合も、登録にならない。

(4)公序良俗を害するおそれがある商標は、登録されない (4
　条1項7号)。

⇨歴史上の人物の氏名も、登録されない場合がある。

⇨その他、公益規定の総括規定である。

学習日	月　日	月　日	月　日	月　日
正答数	／6	／6	／6	／6

出た過去問！
出る予想問！　**目標 4 分で答えよう**

❏ レッドクロス、赤十字の名称は<u>日本赤十字社が出願すれば
登録される</u>。［予想問］　　　　　　　　　　　☞(1)答×

❏「ジュネーブ十字」の名称からなる商標は、商標登録され
ることはない。［H20-9］　　　　　　　　　　　☞(1)答○

❏ 商標登録出願に係る商標が、世界貿易機関の加盟国の地方
公共団体の<u>監督用の印章</u>であって経済産業大臣が指定する
ものと同一の標章を有する場合は<u>いかなるときであっても
商標登録を受けることはできない</u>。［H23-59］　☞(2)答×

❏ <u>市町村を表示する標章</u>と同一又は類似の商標は、<u>商標登録
されることはない</u>。［H20-9］　　　　　　　　☞(3)答×

❏ <u>都道府県や市町村等の地方公共団体</u>、例えばＡ県を表示す
る標章であって著名なものと類似の商標であっても、Ａ
県の承諾があれば<u>Ａ県の県民は、商標登録を受けることが
できる</u>。［H24-18］　　　　　　　　　　　　　☞(3)答×

❏ 商標法第4条第1項第7号に規定する「公の秩序又は善良
の風俗を害するおそれがある商標」とは、商標の構成自体
が、<u>きょう激、卑猥、差別的若しくは他人に不快な印象を
与えるような、社会公衆の利益に反し社会の何人にも商標
登録を認めるべきでない</u>商標に限られる。［H16-25］

☞(4)答×

11 不登録事由⑶

1 条約を根拠としない不登録事由(2)

(1)博覧会の賞と同一・類似の標章を有する商標は、登録されない（4条1項9号）。

⇨商標の一部に含まれる場合も、本規定に該当する。

⇨特許庁長官の事前の指定は、不要。特許庁長官の基準に適合した博覧会であって、その博覧会の賞と同一・類似の標章を有する商標であれば、登録されない。

⇨但し、その賞を受けた者が、商標の一部としてその標章を出願した場合は、本規定に該当しない。

2 人格権の保護のための不登録事由(4条1項8号)

(2)他人の肖像・氏名・著名な略称等を含む商標は、登録されない。

⇨他人の承諾があれば、登録される。

⇨会社の名称で株式会社を省略した場合は、略称に該当。

⇨商標の一部に含まれている場合も、本規定に該当する。

⇨法人格なき社団の名称も、保護の対象になるため、本規定に該当する場合がある。

⇨判断時は、出願時・査定時の両時点である（4条3項）。

3 周知商標の保護(4条1項10号)

(3)他人の周知商標と同一・類似の商標は、登録されない。

⇨数県レベルでの周知性が必要である。

⇨主として外国で使用され、日本で周知に至った商標も、出所の混同が生じるため、本規定の引例となる。

⇨判断時は、出願時・査定時の両時点である（4条3項）。

学習日	月 日	月 日	月 日	月 日
正答数	／6	／6	／6	／6

出た過去問! 出る予想問! 目標 **4** 分で答えよう

4章

不登録事由(3)

☐ 政府等以外の者が開設する博覧会であって特許庁長官が指定する博覧会の賞と同一又は類似の標章を有する商標（その賞を受けた者が商標の一部としてその標章の使用をするものを除く。）は、商標登録を受けることはできない。[H24-18]
☞(1)答✕

☐ 商標登録出願に係る商標が、外国でその政府の許可を受けた者が開設する国際的な博覧会の賞と同一の標章を有する場合、商標登録出願人がその賞を受けた者であって商標登録出願に係る商標の一部としてその標章の使用をするときは商標登録を受けることができる。[H22-50]　☞(1)答○

☐ 「株式会社○△×」の承諾を得ていない、第三者の商標登録出願に係る「○△×」の文字よりなる商標は、商標法第4条第1項第8号の「他人の名称」を含む商標であることを理由に、商標登録されることがない。[H16-9]　☞(2)答✕

☐ 商標法第4条第1項第8号にいう「他人」には、法人格のない社団も含まれる。[H17-13]　☞(2)答○

☐ 日本全国に広く知れ渡っていない商標であっても、商標法第4条第1項第10号の引例となる場合がある。[予想問]
☞(3)答○

☐ 商標法第4条第1項第10号にいう「需要者の間に広く認識されている商標」には、主として外国で商標として使用され、それがわが国において報道され又は紹介された結果、わが国において広く認識されるに至った商標も含まれる。[H17-13]　☞(3)答○

1 先願・先登録商標と同一・類似の商標 (4条1項11号)

(1)他人の先願・先登録商標と同一・類似する商標は、登録されない。

⇨商標の類否は、外観・称呼・観念のほか、恒常的な取引事情等を考慮して判断する。

⇨原則として、全体観察による。但し、要部観察がなされる場合もある。

⇨商品の類否は、出所混同の有無により判断する。商品自体の混同ではない。

⇨判断時は、査定時である。査定時に引例が消滅等していれば、本規定に基づく拒絶理由は解消する。

2 防護標章と同一の商標 (4条1項12号)

(2)他人の登録防護標章と同一の商標は、登録されない。

⇨自己の登録防護標章は、引例にならない。

⇨色違い類似商標 (70条2項) を除き、引例は、同一の登録防護標章である。

⇨先願・後願は無関係である。

3 出所混同防止の総括規定 (4条1項15号)

(3)出所混同を生ずるおそれがある商標は、登録されない。

⇨非類似の商品・役務間にも適用される。

⇨判断時は、出願時・査定時の両時点である (4条3項)。

⇨「混同」には、広義の混同も含まれる。

⇨4条1項10号～14号に該当する場合、4条1項15号の適用はない (4条1項15号かっこ書)。

⇨本規定は、ペットマークにも適用される。

4章

不登録事由(4)

❑ 2の商標の類否は、まずそれぞれの商標の要部を抽出し、その後それぞれの要部を対比することにより、判断しなければならない。[H17-36]　☞(1)答×

❑ 2の商品の類否は、商品の属性からみて、それぞれの商品自体が取引上誤認混同のおそれがあるか否かによって決すべきである、というのが、最高裁判所の見解である。[H17-36]　☞(1)答×

❑ 商標登録出願後に商標法第4条第1項第11号に基づく拒絶理由が通知された場合において、引例である他人の登録商標が、不使用取消審判によって取消審決が確定し、その出願の査定時までに消滅した場合には、その出願の同号に基づく拒絶理由は解消する。[予想問]　☞(1)答○

❑ 他人の登録防護標章と類似（商標法第70条第2項は考慮しない。）の標章は、指定商品が同一であれば、商標法4条1項12号の引例となり得る。[予想問]　☞(2)答×

❑ 甲の商標登録出願に係る商標が、その出願の日後の出願に係る他人乙の登録防護標章と同一の商標であって、当該防護標章登録に係る指定役務について使用をするものである場合、それを理由として当該商標登録出願は拒絶される。[R1-商標3]　☞(2)答○

❑ 甲は「婦人用時計」等に関して国際的な著名ブランドとして我が国でも知られる「MONDAY」の製造及び販売をしている。乙は、その商標「MONDAY」を含む商標「P-MONDAY」を指定商品「香水」として出願した。この出願は、拒絶される場合がある。[H19-14]　☞(3)答○

1 品質誤認の商標(4条1項16号)

(1)品質誤認を生ずるおそれがある商標は、登録されない。

⇨「東京ぶどうパン」のような商標は、商品が「東京で製造されたぶどう入りパン」でなければ、本号に該当する。

2 ぶどう酒等についての不登録事由(4条1項17号)

(2)ぶどう酒又は蒸留酒の産地を表示する標章を有する商標は、当該産地以外のぶどう酒等については、登録されない。

⇨産地が周知・著名である必要はない。

⇨商標の一部に含まれている場合も、本号に該当する。

⇨判断時は、出願時・査定時の両時点である(4条3項)。

3 その他(4条1項18号・19号)

(3)商品等が当然に備える特徴等のみからなる商標は、登録されない(4条1項18号)。

⇨3条2項の要件を満たした商標であっても、4条1項18号に該当する場合には、登録されない。

(4)日本国又は外国で周知な商標と同一・類似の商標を、不正の目的で使用する商標は、登録されない(4条1項19号)。

⇨商品役務関係は問わない。

⇨「周知性」については、全国的周知性までは要求されない。

⇨「外国周知商標」は、我が国以外の一の国において周知であることが必要であり、複数の国において周知であることまでは要しない。

⇨判断時は、出願時・査定時の両時点である(4条3項)。

学習日	月 日	月 日	月 日	月 日
正答数	／4	／4	／4	／4

● 出た過去問！出る予想問！ 目標**4**分で答えよう ●

4章

不登録事由(5)

❑ 商標登録出願に係る商標が「東京ぶどうパン」の文字からなり、指定商品を第30類「菓子、パン」として商標登録出願されたものは、指定商品を第30類「東京で製造されたパン」と補正した場合でも、商標登録を受けることができない。[H22-15] ☞(1)答〇

❑ 商標登録出願に係る商標が、世界貿易機関の加盟国のぶどう酒の産地を表示する標章のうち当該加盟国において当該産地以外の地域を産地とするぶどう酒について使用することが禁止されているものを有する商標であって、当該産地以外の地域を産地とするぶどう酒について使用するものである場合に、その商標について商標登録を受けることができるのは、当該標章が著名でないときに限られる。[H8-30] ☞(2)答×

❑ 音の商標が、商標法第3条第2項の規定により、使用をされた結果需要者が何人かの業務に係る商品であることを認識することができる商標と認められた場合には、当該商品が当然に備える特徴のうち政令で定めるもののみからなる商標（商標法第4条第1項第18号）に該当することはない。[R1-商標3] ☞(3)答×

❑ 商標登録出願に係る商標が、他人の業務に係る役務を表示するものとして一の外国の国内のみで需要者の間に広く認識されている商標と類似の商標である場合は、不正の目的をもって使用をするものであっても、商標登録を受けることができる。[H23-59] ☞(4)答×

必ず出る！
基礎知識 目標 **6** 分で覚えよう

1 出願日の認定 (5条の2)

(1)出願日が認定されないのは、次の場合である。

①商標登録を受けようとする旨の表示が明確でないと認められる場合。

②商標登録出願人の氏名・名称の記載がなく、又は商標登録出願人を特定できる程度に明確でない場合。

③願書に商標登録を受けようとする商標の記載がない場合。

④指定商品又は指定役務の記載がない場合。

⇨補完命令がなされる。不受理処分はできない。

⇨区分の記載がなくても、出願日は認定され、補正命令がなされる。

2 補　　完 (5条の2)

(2)補完をするには、手続補完書を提出しなければならない。

⇨手続補完書提出日が、商標登録出願日となる。

⇨自発補完についての規定はないが、補完命令の場合と同様、補完書提出日が、商標登録出願日となる。

(3)特許庁長官は、補完期間内に補完をしないときは、商標登録出願を却下することができる。

3 商標登録出願(1) (5条)

(4)願書には、次の内容を記載しなければならない。

①出願人の氏名・名称等。

②商標登録を受けようとする商標。

③指定商品・役務、及び政令で定める商品・役務の区分。

出た過去問！
出る予想問！　目標 **4** 分で答えよう

❑ 商標登録出願の際に指定商品又は指定役務の区分を記載しなかった場合でも、出願日は認定される。[予想問]
☞(1)答○

4章

出願日の認定／商標登録出願⑴

❑ 特許庁長官は、願書に商標登録出願人の氏名又は名称が記載されていない商標登録出願については、いわゆる「不受理処分」を行うのではなく、その出願人に対し、相当の期間を指定して商標登録出願について補完すべきことを命じなければならない。[H30-商標6]
☞(1)答○

❑ 特許庁長官は、商標登録出願が商標法第5条の2第1項各号の一に該当することを理由に当該商標登録出願について補完をすべきことを命じた者が指定された期間内にその補完をしたときは、当該商標登録出願に係る補完書を提出した日を商標登録出願の日として認定しなければならない。[R1-商標6改]
☞(2)答○

❑ 商標登録出願について補完命令がされ、補完書提出の期間が指定された。その期間内に出願人が補完をしない場合には、特許庁長官は、その出願を<u>却下</u>しなければならない。[予想問]
☞(3)答×

❑ 図形からなる商標について商標登録出願をする場合には、願書に<u>図形の見本を添付</u>して商標登録出願をしなければならない。[予想問]
☞(4)答×

❑ 商標登録出願をする際には指定商品の他に政令で定める商品の<u>区分</u>を記載しなければならず、<u>その記載がない場合には、特許庁長官は、出願人に対し、補完命令をしなければならない</u>。[予想問]
☞(1)(4)(4)答×

15 商標登録出願(2)

1 商標登録出願(2)(5条)

(1)立体商標の場合、願書にその旨を記載する必要がある。

⇨願書の表題自体が「立体商標登録願」となるわけではない。

⇨立体商標であることが明確でも、「その旨の記載」は必要。

(2)変化する商標、色彩のみからなる商標、音からなる商標、位置商標（経済産業省令で定める商標）も、願書にその旨の記載をしなければならない(5条2項)。

⇨さらに、商標の詳細な説明等で、商標登録を受けようとする商標を特定する必要がある。

⇨音商標の場合は、物件を願書に添付する。

⇨特定が不十分な場合、拒絶理由・異議申立理由・無効理由となる。

(3)標準文字のみによって商標登録を受けようとする場合は、その旨を願書に記載しなければならない。

(4)商標登録を受けようとする商標を記載した部分のうち、当該商標を記載する欄の色彩と同一の色彩である部分は、その商標の一部でないものとみなされる。

⇨但し、その旨を記載した場合は、商標の一部とみなされる。

2 一商標一出願の原則

(5)商標が同一であれば、複数区分を一出願でできる。

⇨但し、区分ごとに指定商品等を記載する必要がある。

⇨区分は、類似の範囲を定めない(6条1項〜3項)。

出た過去問！
出る予想問！ **目標4分で答えよう**

☐ 立体商標について商標登録を受けようとするときは、商標登録を受けようとする商標が立体的にあらわされていれば、<u>立体商標である旨を願書に記載する必要がない。</u>[H19-51]
☞(1)答×

☐ 商標法第5条第2項第5号に定める「前各号に掲げるもののほか、経済産業省令で定める商標」とは、位置商標である。[H30-商標6改]
☞(2)答○

☐ 商標登録を受けようとする商標が音からなる商標である場合、商標登録出願人は、願書にその旨を記載し、経済産業省令で定める物件を願書に添付しなければならず、この添付した物件が商標を特定できない場合は、拒絶理由だが、<u>形式的な瑕疵に過ぎないため、異議申立理由、無効理由とはならない。</u>[H28-商標8改]
☞(2)答×

☐ <u>文字と図形との結合からなる商標であっても、文字の部分については標準文字によって商標登録を受ける旨を願書に記載することができる。</u>[H19-51]
☞(3)答×

☐ <u>商標が類似関係で同一区分の指定商品を指定して出願する場合には、同一の出願書面で出願をすることができる。</u>[予想問]
☞(5)答×

☐ 商品及び役務の類似性は、政令で定める商品及び役務の区分を超えて認められる場合がある。[H17-36]
☞(5)答○

必ず出る！基礎知識 目標 **6** 分で覚えよう

1 団体商標の主体要件及び出願手続

(1)団体商標の登録を受けることができるのは、次の者。

　①<u>一般社団法人</u>その他の社団（法人格を有しないもの及び会社を除く）。

　②<u>事業協同組合</u>その他の特別の法律により設立された組合（法人格を有しないものを除く）。

　③これらに相当する<u>外国の法人</u>（7条1項）。

⇨<u>自然人・財団法人・会社・フランチャイズチェーン</u>は、団体商標の出願人適格を欠く。

(2)団体商標は、構成員が使用する<u>蓋然性</u>があれば、登録要件を満たす。

⇨商標権者である団体<u>しか</u>使用する蓋然性がなければ、登録要件を満たさない。

⇨商標権者・団体の構成員<u>ともに</u>使用する蓋然性があれば、登録要件を満たす。

(3)団体商標の出願には、自己が当該団体に該当する旨の<u>証明書面</u>の提出が必要である（7条3項）。

⇨証明書面を提出しない場合には、特許庁長官から<u>補正</u>を命じられる。

2 団体商標の登録要件

(4)団体商標に係る出願のその他の登録要件は、通常の商標登録出願と同様である。

3 団体商標に係る商標権と使用権の設定・許諾等

(5)団体商標に係る商標権は、<u>専用使用権</u>の設定、<u>通常使用権</u>の許諾が自由であり、<u>質権</u>を設定することもできる。

学習日	月 日	月 日	月 日	月 日
正答数	／7	／7	／7	／7

出た過去問！出る予想問！ 目標 **4** 分で答えよう

❏ 株式会社は、構成員たる社員がいるので、構成員に使用させることを目的とした団体商標の出願人適格を有する。[予想問]
☞(1)答×

❏ フランチャイズチェーンは、フランチャイザーとフランチャイジーの間の事業契約によって成立するものであるから、団体商標の商標登録を受けることができない。[H20-17]
☞(1)答○

❏ 団体商標の商標登録出願については、当該団体のみが指定商品又は指定役務について出願に係る商標を使用する場合であっても、商標法第3条第1項柱書に規定する「自己の業務に係る商品又は役務について使用をする商標」に該当し、商標登録を受けることができる。[H26-34] ☞(2)答×

❏ 団体商標の出願をした者は、出願人適格を有するか否かを確認するための証明書面を提出する必要があり、当該書面が提出されない場合は、拒絶理由が通知される。[予想問]
☞(3)答×

❏ 団体商標の出願は多くの構成員が使用する商標であるため、通常の登録要件を緩和して商標登録を受けることができる場合がある。[予想問] ☞(4)答×

❏ 団体商標に係る商標権については、専用使用権の設定又は通常使用権の許諾をすることができない。[H21-40]
☞(5)答×

❏ 団体商標に係る商標権については、質権を設定することができない。[H17-28] ☞(5)答×

4章

団体商標

17　地域団体商標①

必ず出る！基礎知識　目標 6 分で覚えよう

1　地域団体商標の主体要件及び客体要件

(1)地域団体商標の主体要件は、次のとおり (7条の2第1項)。

　①<u>法人格</u>を有していること。

　②<u>事業協同組合</u>その他の特別の法律により設立された組合（例農業協同組合）であること。

　③組合等の設立根拠法に、構成員の<u>加入の自由</u>が定められていること。

⇨団体商標と異なり、<u>一般社団法人</u>は、地域団体商標の商標登録を受けることができ<u>ない</u>。

(2)<u>商工会・商工会議所・NPO法人</u>は、団体商標・地域団体商標の商標登録を受けることができる (7条、7条の2)。

2　地域団体商標の客体要件 (7条の2)

(3)地域団体商標は、団体商標と異なり、<u>周知性</u>が必要。

⇨周知性は、<u>全国的</u>なものである必要は<u>ない</u>。

(4)地域団体商標は、次のいずれかの文字を普通に用いられる方法で表示する文字のみからなる商標の構成態様に限る。

　①地域名＋商品等の<u>普通名称</u>。

　②地域名＋商品等の<u>慣用名称</u>。

　③地域名＋商品等の<u>普通名称・慣用名称</u>＋<u>産地等</u>を表示する際に付される文字として<u>慣用</u>されている文字。

　⇨「<u>本場・特産・名産</u>」等は該当<u>する</u>が、「<u>本家・元祖・特選</u>」等は該当<u>しない</u>。

(5)地域団体商標を構成する「地域の名称」は、商品等と<u>密接な関連性</u>を有していることが必要である。

学習日	月 日	月 日	月 日	月 日
正答数	／6	／6	／6	／6

○ 出た過去問！ 出る予想問！ 目標 **4** 分で答えよう ○

❏ 中小企業等協同組合法（昭和24年法律第181号）に基づいて設立された事業協同組合は、地域団体商標の商標登録を受けることができる。[H22-56]　　　　☞(1)答○

❏ 農業協同組合法（昭和22年法律第132号）に基づいて設立された農業協同組合は、地域団体商標の商標登録を受けることができる。[H22-56]　　　　☞(1)答○

❏ 商工会議所法（昭和28年法律第143号）に基づいて設立された商工会議所は、地域団体商標の商標登録を受けることができる。[H22-56]　　　　☞(2)答○

❏ 法人格を有する事業協同組合がその構成員に使用をさせる商標であって、その地域の名称及びその構成員の業務に係る商品を表示するものとして慣用されている名称を普通に用いられる方法で表示する文字のみからなる商標は、その商標が使用をされた結果、その構成員の業務に係る商品を表示するものとして需要者の間に全国的に認識されている場合のみ、地域団体商標の商標登録を受けることができる。[H22-15]　　　　☞(3)答×

❏ 地域の名称及び商品若しくは役務の普通名称又はこれらを表示するものとして慣用されている名称に「本家」、「元祖」又は「特選」の文字が加わった商標は、地域団体商標として商標登録を受けることができる。[H18-56]　　　　☞(4)答×

❏ 地域団体商標はその構成中に地域名称を含むが、その地域名称が商品等と密接な関連性を有していなければならない。[予想問]　　　　☞(5)答○

1 地域団体商標の登録要件

(1)地域団体商標の出願には、3条1項3号～6号の要件が課されない。その他の一般的登録要件は、通常の商標登録出願や団体商標登録出願と同様に課される。

⇨普通名称(3条1項1号)や慣用商標(3条1項2号)は、地域団体商標でも登録にならない。

2 地域団体商標の手続

(2)地域団体商標の商標登録を受けようとする者は、当該団体の主体適格を証明する書面とともに、地域名称を含むことを証明する書面の提出が必要である(7条の2第4項)。

⇨当該書面が提出されない場合には、補正が命じられ、それに応答しない場合には、出願が却下され得る。

3 地域団体商標に係る商標権の移転

(3)地域団体商標に係る商標権は、譲渡することができない(24条の2第4項)。

⇨一般承継による移転は、可能である。

4 地域団体商標に係る商標権と使用権の設定・許諾等

(4)地域団体商標に係る商標権は、専用使用権の設定ができない(30条1項但書)。通常使用権の許諾は、自由にすることができる。

(5)地域団体商標に係る商標権に対する32条の2の先使用権は、32条の先使用権と異なり、先使用者の商標に周知性は不要である。

学習日	月　日	月　日	月　日	月　日
正答数	／6	／6	／6	／6

出た過去問！
出る予想問！　**目標4分で答えよう**

❏ 地域団体商標として出願した商標が、商標全体として商品の普通名称と認められる場合であっても、商標の構成が商標法第7条の2第1項各号の要件を満たすものであれば、地域団体商標の商標登録を受けることができる場合がある。
[H29-商標4]　　　　　　　　　　　　　　　　　　☞(1)答×

❏ 地域団体商標の商標登録出願する場合には、地域団体商標の出願人適格を証明する書面の他に、地域名称が含まれていることを証明する書面の提出がない場合には、拒絶理由が通知される。[予想問]　　　　　　　　　　　☞(2)答×

❏ 団体商標に係る商標権は譲渡による移転をすることができるが、地域団体商標に係る商標権は譲渡による移転をすることはできない。[H19-35]　　　　　　　　　　　☞(3)答○

❏ 地域団体商標に係る商標権でも移転できる場合がある。[予想問]　　　　　　　　　　　　　　　　　☞(3)答○

❏ 地域団体商標に係る商標権者は、その商標権について専用使用権を設定できる場合がある。[H26-34]　　☞(4)答×

❏ 他人の地域団体商標の商標登録出願前から日本国内において不正競争の目的でなく、その出願に係る商標と同一又は類似の商標を、当該出願に係る指定商品と同一又は類似の商品について使用していた者が、継続してその商品についてその商標を使用する場合は、当該商標がいわゆる周知であることを要件として、商標法第32条の2の先使用権を有する。[H25-29]　　　　　　　　　　　☞(5)答×

4章

地域団体商標⑵

1 異日出願

(1)異日に2以上の出願があった場合は、最先の出願人のみ
が商標登録を受けることができる(8条1項)。

⇨但し、類似関係にある商標の出願が同一人によるもので
ある場合、本項の適用はない。

(2)引例が、先願ではあるが先登録でない場合(8条1項)、後
願は、8条1項では拒絶されないが、後願が誤って登録
された場合には、異議申立理由・無効理由である(43条の
2第1号、46条1項1号)。

⇨8条1項は、拒絶理由ではない。

2 同日出願

(3)出願人が異なり、同日の出願で、先願と後願が相互に類
似する場合、4条1項11号でなく8条2項が適用される。

⇨この場合は、両者間で協議を行い、それが不調・不能の
場合、特許庁長官が行うくじにより定めた一の商標登録
出願人のみが、商標登録を受けることができる(8条5項)。

⇨くじで定まった1人の出願人が登録を受けた後、他方の
者は拒絶される。

⇨くじに外れた出願は、拒絶査定確定後、8条1項・2項の
適用については、初めからなかったものとみなされる。

3 先願の地位

(4)商標登録出願が放棄・取下げ・却下された場合、又は商
標登録出願について拒絶査定・拒絶審決が確定した場合
は、先願の地位がない(8条3項)。

学習日	月 日	月 日	月 日	月 日
正答数	／4	／4	／4	／4

出た過去問！ 出る予想問！ 目標 **4** 分で答えよう

4章

先願主義

□ 類似関係にある商標についての出願において、それらが同一の出願人甲に係るものである場合には、いわゆる先願主義は適用されない。[予想問] ☞(1)答○

□ 類似関係にある他人の先願に係る未登録商標があるにもかかわらず、後願が先に登録された場合は、後願の商標登録は異議申立理由及び無効理由を有する。[予想問] ☞(2)答○

□ 同一の商品について使用をする同一の商標について同日に2以上の商標登録出願があり一の商標登録出願人を定めることについて協議が成立しなかったときは、いずれの商標登録出願人も、その商標について商標登録を受けられない。
[R1-商標6改] ☞(3)答×

□ 同一の商品について使用する同一の商標について同日に甲が商標登録出願Aをし、乙が商標登録出願Bをした場合、甲と乙が協議を行い、甲のみがその商標について商標登録を受けることができる者と決定し、甲はその旨の届出をしたが、その後登録料の納付をしなかったことによりAが却下されたとき、乙はその商標について商標登録を受けることができる場合はない。[H11-35] ☞(4)答×

1　出願時の特例の要件 (9条1項)

(1)一定の博覧会に出品・出展した商標は、出願時の特例の適用を受ける。

⇨商標登録出願は、その出品・出展の時にしたものとみなされる。

(2)出願時の特例を受ける場合の博覧会とは、政府等が開設する博覧会等、一定の要件を満たす博覧会をいう。

⇨政府等以外の者が開設する博覧会の場合は、特許庁長官の基準に適合していることが必要である。

⇨海外で開催された博覧会は、国際性が必要である。

⇨海外で開催された博覧会でも、パリ条約の同盟国・世界貿易機関の加盟国・商標法条約の締約国内で開催されない場合には、特許庁長官の基準に適合していることが必要である。

(3)出品等した商標・商品・役務と、出願に係る商標・商品・役務は、同一でなければならない。

2　出願時の特例の手続 (9条1項〜4項)

(4)出願時の特例を受けるためには、博覧会の出品・出展の日から6月以内に出願をし、その旨を記載した書面を出願と同時に提出し、かつ、証明書を出願日から30日以内に提出しなければならない。

⇨証明書は、当該30日経過後でも、経済産業省令で定める期間内に限り、提出することができる。

⇨さらに、不責事由に基づく追完がある。

学習日	月　日	月　日	月　日	月　日
正答数	／4	／4	／4	／4

出た過去問！
出る予想問！ 目標 **4** 分で答えよう

4章

出願時の特例

❏ 政府等（政府又は地方公共団体）以外の者が開設する博覧会であって、特許庁長官の定める基準に適合するものに出展した役務について、その商標の使用をした役務を出展した者がその出展の日から6月以内にその役務を指定役務として商標登録出願をしたときは、その商標登録出願は、その出展の時にしたものとみなされる。[H27-34]　☞(1)(2)答○

❏ 商標法第9条第1項に規定する出願時の特例においては、商標登録出願に係る商標が特許庁長官の定める基準に適合した国際的な博覧会に出品した商品又は出展した役務について使用した商標と同一でなくとも、その商標登録出願がその出品又は出展の時にしたものとみなされる場合がある。[H17-38]　☞(3)答×

❏ 商標法第9条第1項に規定する国際的な博覧会に出品した商品に使用した商標について出願時の特例の適用を受けようとする場合、その博覧会出品後に商標を変更し、類似の商標の使用をしているとしても、商標登録出願に係る商標は出品した商品に使用した商標と同一のものでなければならない。[H14-25]　☞(3)答○

❏ 商標法第9条第1項に規定する出願時の特例の適用を受けるために、その旨を記載した書面は出願と同時、証明書は常に出願日から30日以内に提出しなければならず、その例外はない。[予想問]　☞(4)答×

1　補正の時期 (68条の40)

(1)商標登録出願等の手続をした者は、事件が<u>審査</u>、登録異議申立てについての<u>審理</u>、<u>審判</u>又は<u>再審</u>に係属している場合に限り、その<u>補正</u>をすることができる。

⇨拒絶査定謄本の送達から<u>3</u>月内に審判請求をすると、審判に係属するので、その間は補正ができる。

2　異議申立ての審理中の補正

(2)68条の40に規定されている補正では、<u>異議申立てされた指定商品等の補正</u>をすることはできない。

3　登録料納付と同時に行う区分減縮の補正

(3)<u>区分を減縮</u>する補正は、登録料の納付と<u>同時</u>にすることができる (68条の40第2項)。

⇨区分の減縮であり、指定商品等の減縮補正は<u>できない</u>。

⇨<u>一括納付</u>の場合も、前半部分の<u>分割納付</u>の場合も、区分減縮の補正はできる。

4　補正の範囲⑴：商品等と区分の関係

(4)補正ができるのは、<u>要旨変更</u>とならない (<u>同一性</u>を害さない) 範囲に限られる (9条の4、16条の2第1項)。

(5)<u>誤った区分</u>を指定商品等に合わせて変える補正は、要旨変更には<u>ならない</u>。

(6)<u>指定商品等</u>を区分に合わせて変える補正は、要旨変更に<u>なる</u>。

(7)指定商品等の<u>拡張・変更</u>、あるいは<u>類似範囲</u>の指定商品等に変える補正は、要旨変更に<u>なる</u>。

学習日	月　日	月　日	月　日	月　日
正答数	／6	／6	／6	／6

出た過去問！出る予想問！ 目標 **4** 分で答えよう

□ 拒絶査定謄本の送達を受けた出願人は、拒絶査定不服審判を請求しなくても、送達日から3月間、当該商標の指定商品等を補正することが<u>できる</u>。[予想問]　　☞(1)答×

□ 登録異議の申立ての審理において、商標登録の取消しの理由を通知された商標権者は、その申立てが係属している場合であっても、「願書に記載した指定商品若しくは指定役務又は商標登録を受けようとする商標」を補正することができない。[H21-53]　　☞(2)答○

□ 2以上の商品及び役務の区分を指定した商標登録出願については登録すべき旨の査定がされた後、商標権の設定の登録料を納付する前であれば、その出願に係る区分の数を減ずる補正をすることが<u>できる</u>。[H24-35]　　☞(3)答×

□ 登録料納付と同時の補正は、ある区分の一部の商品等を削除する補正をすることができる場合がある。[予想問]
　　☞(3)答×

□ 2以上の商品及び役務の区分を指定した商標登録出願については、商標登録をすべき旨の査定の後、商標権の設定の際の登録料を一括して納付するのと同時の場合に限り、商標登録出願に係る<u>区分の数を減ずる補正をすることができる</u>。[H18-10]　　☞(3)答×

□ 指定商品の属する商品及び役務の区分と異なる商品及び役務の区分が願書に記載されている場合において、その願書に記載された商品及び役務の区分をその指定商品の属する商品及び役務の区分に変更する補正は、その願書に記載した指定商品の<u>要旨を変更するものである</u>。[H11-28] ☞(5)答×

4章

補

正

(1)

22 補 正 (2)

必ず出る！基礎知識 目標 **6** 分で覚えよう

1 補正の範囲（小売役務の補正）

(1)小売等役務の補正は、総合小売役務を特定小売役務に補
正する場合も、その特定小売役務を総合小売役務に補正
する場合も、いずれも要旨変更になる。

⇨特定小売役務を更に減縮した特定小売役務に変更する補
正は、要旨変更にはならない。

(2)特定小売役務を商品に変更する補正も、商品を特定小売
役務に変更する補正も、いずれも要旨変更である。

2 商標の補正

(3)商標の補正は、原則として、要旨変更になる。

⇨但し、商標の付記的部分の「JIS」「特許」等の記載を削
除する補正は、要旨変更にならない。

(4)商標の色彩を変更することは、要旨変更になる。

3 要旨変更が判明した場合

(5)補正が要旨変更であることが登録後に判明した場合であ
っても、無効理由にはならない。

⇨但し、補正書提出日まで出願日が繰り下がり（9条の4）、
その結果、後願となった等の理由で無効理由となること
はあり得る。

(6)補正が要旨変更であることが登録前に判明した場合には、
審査官は、その補正を却下しなければならない（16条の2
第1項）。

⇨補正却下の決定謄本送達の日から3月経過までは、出願
について、審査はできるが、拒絶査定・登録査定のいず
れもしてはならない（16条の2第3項）。

学習日	月　日	月　日	月　日	月　日
正答数	／6	／6	／6	／6

出た過去問！
出る予想問！ 目標 **4** 分で答えよう

❏ 総合小売役務を特定小売役務に変更する補正は、指定役務の減縮に該当するから、<u>要旨変更とはならない</u>。［予想問］
☞(1)答×

❏ 商標登録出願の願書に記載された指定役務である「商品ａの小売及び卸売の業務において行われる顧客に対する便益の提供」を、指定商品である「商品ａ」に変更する補正は、決定をもって却下される。［H20-51］　☞(2)答○

❏ 願書に記載した商標登録を受けようとする<u>商標については、補正をすることができる場合はない。</u>［H17-38］　☞(3)答×

❏ 願書に記載した商標登録を受けようとする商標が青色の文字のみからなる商標である場合、<u>その文字の色彩を黒色に変更する補正は、その文字が同一である限り、要旨を変更するものとして却下されることはない。</u>［H24-35］　☞(4)答×

❏ 願書に記載した指定商品若しくは指定役務又は商標登録を受けようとする商標についてした補正が、これらの要旨を変更するものと商標権の設定の登録があった後に認められたときは、その商標登録を無効にすることについて審判を請求することができる場合がある。［予想問］　☞(5)答○

❏ 願書に記載した指定商品についてした補正が、要旨を変更するものであるとして、審査官により決定をもって却下されたので、その後、商標登録出願人は適切な補正を新たに行った。審査官は<u>当該決定の謄本の送達があった日から3月を経過しなくても、当該商標登録出願について査定を行うことができる。</u>［H29- 商標 7 改］　☞(6)答×

4章

補
正
(2)

・131・

23 出願の分割

1 分割の時期

(1)出願人は、商標登録出願が審査、審判若しくは再審に係属している場合、又は商標登録出願についての拒絶をすべき旨の審決に対する訴えが裁判所に係属している場合、2以上の商品等の一部を指定商品等とする出願を分割することができる（10条1項）。

(2)審決取消訴訟係属中も分割できるが、その場合、商標法上の削除補正ができない。

⇨準特施規30条の補正をする。但し、この場合の補正は、遡及効がない（判例）。

(3)商標法では、補正ができる時と分割ができる時期が異なる場合がある。

(4)審決取消訴訟係属中に行う出願分割は、拒絶理由のない指定商品等を分割出願する必要がある。

⇨通常では拒絶理由がある方を分割するのとは逆になる点に注意せよ。

2 分割の対象

(5)指定商品・役務の分割はできるが、商標自体の分割はできない。

3 分割の効果

(6)原出願に手数料が支払われた分割出願には、遡及効がある（10条2項）。

(7)分割出願における原出願で提出した書面は、分割の新たな出願と同時に提出されたたものとみなされる（10条3項）。

⇨原出願で優先権の手続があれば、再度の手続は不要。

DATE & RECORD

学習日	月 日	月 日	月 日	月 日
正答数	／6	／6	／6	／6

出た過去問！出る予想問！ 目標 **4** 分で答えよう

4章

出願の分割

❏ 商標登録出願人は、商標登録出願が審査、審判又は再審に係属している場合であって、かつ、当該商標登録出願について納付すべき手数料を納付している場合に限り、商標登録出願の一部を1又は2以上の新たな商標登録出願とすることができる。[R1- 商標 6 改]　　☞(1)答×

❏ 商標登録出願Aについての拒絶をすべき旨の審決に対する訴えが裁判所に係属しているとき、Aの指定商品の一部を分割して新たな商標登録出願Bがされ、Aの出願について、願書からBに係る指定商品を削除する補正がされたときには、その補正の効果がAの出願時にさかのぼって生ずることはない。[H20-47]　　☞(2)答○

❏ 商標登録出願人は、願書に記載した指定商品について補正をすることができる時又は期間内に限り、2以上の商品を指定商品とする商標登録出願の一部を1又は2以上の新たな商標登録出願とすることができる。[S63-45]　　☞(3)答×

❏ 商標について補正ができるのであるから、商標について分割もできる。[予想問]　　☞(5)答×

❏ 有効な分割出願には遡及効があるから、分割のもとの出願の際に提出した書面は、分割に係る新たな出願時と同時ではなく、もとの出願と同時に提出したものとみなされる。[予想問]　　☞(6)(7)答×

❏ 新たな商標登録出願についてパリ条約による優先権を主張しようとする者は、優先権主張の基礎となる出願がなされたパリ条約同盟国が発行する優先権証明書を必ず提出しなければならない。[H25-6]　　☞(7)答×

24 出願変更

1 商標登録出願相互の変更（11条）

(1)商標登録出願人は、査定又は審決確定まで、通常の商標登録出願・団体商標登録出願・地域団体商標登録出願相互間で出願の変更をすることができる（11条1項〜4項）。

⇨補正や分割の時期である審査・審判・再審係属中とは異なり、拒絶査定謄本の送達後、拒絶査定不服審判の請求がなされるまでの間でも、出願変更はできる。

⇨但し、再審係属中は、出願の変更ができない。

2 防護標章登録出願から商標登録出願への変更（12条）

(2)防護標章登録出願人は、査定又は審決確定まで、通常の商標登録出願・団体商標登録出願・地域団体商標登録出願に変更することができる（12条1項・2項）。

⇨再審係属中に出願変更をすることはできない。

3 商標登録出願から防護標章登録出願への変更（65条）

(3)通常の商標登録出願・団体商標登録出願・地域団体商標登録出願の出願人は、査定又は審決確定まで、防護標章登録出願に変更することができる（65条1項・2項）。

4 出願変更の効果等

(4)変更出願には、遡及効がある（11条6項等）。

(5)もとの出願は、取り下げられたものとみなされる。

(6)変更出願における原出願で提出した書面は、変更の新たな出願と同時に提出されたたものとみなされる（11条6項等）。

学習日	月　日	月　日	月　日	月　日
正答数	／6	／6	／6	／6

出た過去問！
出る予想問！　目標 **4** 分で答えよう

4章

出願変更

❏ 団体商標の商標登録出願人は、その商標登録出願について査定又は審決がされた後であっても、その商標登録出願を地域団体商標の商標登録出願に変更することができる場合がある。[H28- 商標 8]　　　　　　　☞(1)答〇

❏ 団体商標の商標登録出願を通常の商標登録出願に変更することはできるが、通常の商標登録出願を団体商標の商標登録出願に変更することはできない。[H21-40]　　　☞(1)答✕

❏ 拒絶査定謄本の送達がなされた後であっても、拒絶査定不服審判の請求期間中であるならば、審判を請求しなくても、通常の商標登録出願を団体商標登録出願に変更することができる。[予想問]　　　　　　　　　　　☞(1)答〇

❏ 防護標章登録出願人は、その防護標章登録出願について査定又は審決が確定した後でも、その防護標章登録出願を商標登録出願に変更することができる場合がある。[H24-11]
　　　　　　　　　　　　　　　　　　　　　　☞(2)答✕

❏ 防護標章登録出願人はその防護標章登録出願を商標登録出願に変更することができるが、当該変更に係る商標登録出願をさらに防護標章登録出願に変更することはできない。
[H14-45]　　　　　　　　　　　　　　☞(2)(3)答✕

❏ 団体商標の商標登録出願を地域団体商標の商標登録出願へ変更する場合には、商標登録出願人は、その新たな商標登録出願と同時に当該団体商標の商標登録出願を取り下げなければならない。[H24-11]　　　　　　　　☞(5)答✕

◉ 必ず出る！基礎知識 目標 **6** 分で覚えよう ◉

1 　**出願公開**（12 条の 2）

(1)商標登録出願は、<u>出願日</u>が認定された後、速やかに<u>出願公開</u>が行われる（12 条の 2）。

⇨特 64 条と異なり、①「出願の日から 1 年 6 月」という<u>時期的制限</u>は<u>ない</u>。②「特許掲載公報の発行をしたものを除き」という例外も<u>ない</u>。③<u>出願公開請求制度</u>も<u>ない</u>。

(2)<u>標準文字</u>で出願された場合には、願書に記載された商標が出願公開されるのではなく、<u>標準文字に置換</u>されたものが出願公開される（12 条の 2 第 3 号かっこ書）。

2 　**金銭的請求権**（13 条の 2）

(3)特 65 条と異なり、金銭的請求権が発生するためには、相手方が悪意でも、<u>必ず警告が必要</u>である。

(4)特 65 条と異なり、<u>出願公開</u>は、金銭的請求権の発生要件で<u>はない</u>。

⇨金銭的請求権は、<u>出願公開前</u>に発生する場合がある。

(5)金銭的請求権が発生するためには、出願人に<u>業務上の損失</u>が生じていなければならない。

⇨特 65 条と異なり、出願人が<u>商標を使用</u>していることが必要である。ちなみに、特 65 条の補償金請求権の場合は、出願人が<u>実施</u>をしていることは<u>不要</u>。

(6)金銭的請求権は、<u>商標権の設定の登録があった後</u>でなければ、行使することができない（13 条の 2 第 2 項）。

⇨特 65 条にも、同様の規定がある（特 65 条 2 項参照）。

(7)特 65 条と異なり、<u>信用回復措置請求</u>（特 106 条）が準用されている（13 条の 2 第 5 項）。

学習日	月　日	月　日	月　日	月　日
正答数	／8	／8	／8	／8

出た過去問！ 出る予想問！ 目標 **4** 分で答えよう

❏ 商標登録出願は、出願の日から1年6月経過したときは、出願公開が行われる。［予想問］　　　　　　☞(1)答×

❏ 商標法も特許法同様に、出願公開請求制度がある。［予想問］　　　　　　☞(1)答×

❏ 出願公開は、願書に記載された商標と同一の商標が常に公開される。［予想問］　　　　　　☞(2)答×

❏ 金銭的請求権の発生には、悪意の者に対する警告は不要である。［予想問］　　　　　　☞(3)答×

❏ 特許法に規定するいわゆる補償金請求権は、特許出願についての出願公開の前に発生する場合はないが商標法に規定するいわゆる金銭的請求権は、商標登録出願についての出願公開の前に発生する場合がある。［H12-27］　　☞(4)答○

❏ 商標法第13条の2に規定する設定の登録前の金銭的請求権は、その発生の前提として、出願人による出願に係る商標の使用の事実が必要とされる。［H15-13］　　☞(5)答○

❏ 金銭的請求権は、商標権の設定の登録があった後でなければ、行使することができない。［予想問］　　☞(6)答○

❏ 裁判所は、金銭の支払に代え、又は金銭の支払と共に、信用回復をするのに必要な措置を命ずることができる旨規定されている。この点は、特許法の補償金請求権とは異なる。［予想問］　　　　　　☞(7)答○

4章

出願公開・金銭的請求権

第5章

商標の権利

1 商標権の発生・商標掲載公報

(1)商標権は、登録査定謄本の送達後 30 日以内に、10 年分の登録料を一括納付、又は前半分の登録料を分割納付することにより設定登録され、発生する(18条1項・2項)。

⇨納付期間の延長事由として、①遠隔・交通不便の地にある者の請求又は職権による準特4条延長、②請求による延長、③経済産業省令で定める期間、④不責事由に基づく追完がある。

(2)商標権の設定登録がされた場合には、商標掲載公報が発行される(18条3項)。

⇨更新の際の公報と異なり、指定商品等・商標も、公報の掲載事項である。

⇨標準文字の場合は、標準文字に置換されて掲載される。

2 縦　　覧

(3)出願書類及びその附属物件は、商標掲載公報発行日から2月間、公衆の縦覧に供される(18条4項)。

⇨この期間は、異議申立期間と同じである。

(4)縦覧の対象書類等のうち、個人の名誉又は生活の平穏を害するおそれがある書類等又は公序良俗違反となる書類等であって、特許庁長官が秘密保持の必要があると認めるものについて、縦覧が制限される(18条4項但書)。

(5)個人の名誉又は生活の平穏を害するおそれがある書類等であって、特許庁長官が秘密保持の必要があると認めるもの以外のものを縦覧に供しようとする場合、特許庁長官は、当該書類等の提出者に対して通知を行う(18条5項)。

学習日	月 日	月 日	月 日	月 日
正答数	/7	/7	/7	/7

◉ 出た過去問！ 出る予想問！ **目標4分で答えよう** ◉

❑ 遠隔又は交通不便の地にある者以外の者が商標権の設定の登録料を納付すべき期間の延長を特許庁長官に請求した場合であっても、その期間が延長されることはない。[H24-35]
☞(1)答×

❑ 商標権の設定登録に伴う商標掲載公報には、区分の他に、指定商品、指定役務及び商標が掲載される。[予想問]
☞(2)答○

❑ 商標掲載公報は、出願の際の願書に記載した商標が常にそのまま掲載される。[予想問]
☞(2)答×

❑ 標準文字で商標登録出願したものの登録商標の範囲は、願書に記載した商標に基づいて定めるのではなく、これを標準文字で現したものに基づいて定められる。[H16-18]
☞(2)答○

❑ 出願書類等の縦覧期間は、登録異議申立ての期間と同じである。[予想問]
☞(3)答○

❑ 特許庁長官は、個人の名誉又は生活の平穏を害するおそれがある書類又は物件であって特許庁長官が秘密を保持する必要があると認めるものについては、縦覧の制限をすることができる。[予想問]
☞(4)答○

❑ 特許庁長官は、個人の名誉又は生活の平穏を害するおそれがある書類又は物件であって特許庁長官が秘密を保持する必要があると認めるもの以外のものを縦覧に供しようとするときは、当該書類等を提出した者にその旨及びその理由を通知しなければならない。[予想問]
☞(5)答○

5章

商標権・商標掲載公報

2 更新の申請

1 更新の申請の時期及び手続

(1)更新の申請は、存続期間満了前 6 月から満了日までの間にしなければならない (20 条 2 項)。

⇨更新には審査がないので、申請であって出願ではない。

⇨更新の登録がなされれば、満了時に更新される (19 条 3 項)。

⇨満了時点で更新の申請をしなくても、経済産業省令で定める期間（満了後 6 月）に更新の申請ができる (20 条 3 項)。

(2)存続期間の満了後、経済産業省令で定める期間中 (20 条 3 項)に更新の申請ができず、商標権が存続期間の満了の時に消滅したものとみなされた (20 条 4 項)場合であっても、原商標権者に正当な理由がある場合には、商標権を回復できる (21 条 1 項)。

⇨使用権者等の利害関係人に正当な理由があっても、商標権の回復の余地はない。

(3)更新の申請書には、書誌的事項と、区分数を減ずる場合は更新により残す区分を記載する。

⇨商標や指定商品等を記載することはない。

2 更新申請と更新出願との違い

(4)更新申請では、実体内容についての審査はしない。

⇨更新出願制度では、後発的に、国旗等 (4 条 1 項 1 号)・国の紋章等（同 2 号)・国際機関の標章等（同 3 号)・監督用の紋章等（同 5 号)・公序良俗違反（同 7 号)・品質誤認（同 16 号）の審査をしていたが、商標法条約の要請で、更新については審査をしないこととなった。

学習日	月 日	月 日	月 日	月 日
正答数	／5	／5	／5	／5

出た過去問！
出る予想問！ 目標 **4** 分で答えよう

❏ 商標権の存続期間を更新するためには、当該商標権の存続期間の満了前6月から満了の日までの間に、更新登録の出願をするとともに、登録料として、所定の金額に指定商品又は指定役務の区分の数を乗じて得た額を納付しなければならない。[H22-39] ☞(1)答✕

❏ 商標権者は、商標権の存続期間の満了前6月から満了の日までの間に更新登録の申請をすることができないときは、その期間が経過した後であっても、経済産業省令で定める期間内にその申請をして更新登録を受けることができる。[H21-24] ☞(1)答○

❏ 商標権の存続期間満了の日から経済産業省令で定める期間内に商標権の存続期間の更新登録の申請をすることができなかったことについて、原商標権者に正当な理由がなくても、専用使用権者に正当な理由があり、経済産業省令で定める期間内に原商標権者が更新登録の申請をした場合、存続期間は、その満了の時に遡って更新されたものとみなされる。[H25-13] ☞(2)答✕

❏ 商標法は、商品の一部の更新を認めているので、更新の申請書には、残す指定商品と区分を記載する場合がある。[予想問] ☞(3)答✕

❏ 商標権の存続期間の更新においては、登録商標が条約に違反するものとなっているとき又は公の秩序若しくは善良の風俗を害するおそれがあるものとなっているときは、更新登録を受けることができない。[H22-39] ☞(4)答✕

5章

更新の申請

3 商標権の分割／商標権の移転(1)

必ず出る！基礎知識　目標 6 分で覚えよう

1 商標権の分割要件 (24条)

(1)指定商品等が相互に類似する場合であっても、商標権の分割は可能である。

(2)商標権の分割は、移転を前提とせずにすることができる。

(3)商標権の分割は、設定登録から権利消滅まで可能である。商標権の消滅後でも、無効審判に係る事件が審判・再審・訴訟に係属している場合は、分割が可能である。

2 商標権の移転

(4)商標権は、類似関係がある指定商品・役務間であっても、分割して移転することができる (24条の2第1項参照)。

(5)非営利の公益団体の標章で且つ著名性がある場合は、4条2項の適用により、当該公益団体が商標権の設定登録を受けることができる。

⇨この場合、譲渡はできないが、一般承継はできる。

⇨当該公益団体の商標に著名性がなければ、商標権を譲渡できる。

(6)非営利の公益に関する事業を行っている者の商標で且つ著名性がある場合、当該事業者が出願すれば、4条2項により、商標権の設定登録を受けることができる。

⇨この場合、商標権を移転するには、事業とともに行わなければならない。ただし、著名性がなければ、この制限はなく、その事業と独立して譲渡・一般承継をすることができる。

学習日	月　日	月　日	月　日	月　日
正答数	／7	／7	／7	／7

出た過去問！
出る予想問！　**目標 4 分で答えよう**

❏ 商標権Aの指定商品等が相互に類似する場合は、事後的に出所混同を招くことになるため、分割をすることができない。[予想問]　☞(1)答✕

❏ 商標権の分割とは、一の商標権をその指定商品又は指定役務ごとに分けて、各々別個独立の商標権とすることをいい、必ずしも商標権の移転を前提とするものではない。[H12-36]　☞(2)答○

❏ 商標権消滅後において、商標法第46条第1項（商標登録の無効審判）の審判の請求があったとき、その商標権の分割をすることができるのは、当該事件が審判又は再審に係属している場合に限られる。[H10-7]　☞(3)答✕

❏ 商標権に係る指定商品が2以上あるときは、相互に類似する指定商品について異なった者に移転することとなる場合であっても、当該商標権を指定商品ごとに分割して移転することができる。[H29-商標5]　☞(4)答○

❏ 譲渡をすることができない商標権がある。[S58-37]　☞(5)答○

❏ 国の機関を表示する著名な標章と同一の商標について当該機関が商標登録を受けたときは、当該商標権は、一般承継により移転をすることはできない。[H2-21]　☞(5)答✕

❏ 公益に関する事業であって営利を目的としないものを行っている者が登録を受けたその事業を表示する標章であって著名なものと同一の商標に係る商標権は、その事業とともにする場合を除き、一切移転することができない。[R1-商標8]　☞(6)答○

5章

商標権の分割／商標権の移転(1)

4 商標権の移転⑵

1 <u>地域団体商標に係る商標権の移転</u>（24条の2第4項）

(1)地域団体商標に係る商標権は、<u>移転（一般承継）</u>すること
はできるが、<u>譲渡（特定承継）</u>することはできない。

⇨通常の団体商標に係る商標権は、譲渡できることに注意。

⇨地域団体商標には、<u>質権</u>や<u>譲渡担保</u>の設定もできない。

2 <u>団体商標に係る商標権の移転</u>（24条の3）

(2)団体商標に係る商標権が移転された場合は、原則として、
<u>通常の商標権</u>に変更されたものとみなされる。

⇨<u>自然人</u>が譲受人となることができる場合がある。

⇨地域団体商標に係る商標権は、<u>地域団体商標</u>に係る商標
権としてしか、移転ができない。

(3)通常の商標権が移転されても、<u>団体商標</u>とみなされるこ
とはない。

⇨団体商標の主体となり得る者に通常の商標権を譲渡して
も、<u>通常の商標権</u>として移転される。

(4)団体商標に係る商標権は、<u>団体商標に係る商標権</u>として
移転できる場合がある。その要件は、次のとおり。

　①譲受人が<u>一般社団法人等</u>（7条1項の主体）であること。

　②<u>団体商標に係る商標権</u>として移転する旨を記載した書
面、及び、<u>譲受人が一般社団法人等</u>であることを証明
する書面（7条3項の書面）を、移転登録申請と同時に、
特許庁長官に対して提出すること。

　⇨書面の提出は、移転と同時ではない点に注意せよ。

◉ 出た過去問！出る予想問！ 目標 **4** 分で答えよう ◉

❏ 団体商標に係る商標権は譲渡による移転をすることができるが、地域団体商標に係る商標権は譲渡による移転をすることはできない。[H19-35]　　　　　　　　☞(1)答○

❏ 地域団体商標に係る商標権は譲渡によって移転することができず、組合等の団体の合併のような一般承継の場合に限り移転することができる。[H29-商標5]　　　　☞(1)答○

❏ 地域団体商標に係る商標権は、質権の設定をすることができない。[予想問]　　　　　　　　　　　　☞(1)答○

❏ 団体商標に係る商標権は通常の商標権として移転をすることができるが、通常の商標権は団体商標に係る商標権として移転をすることはできない。[H19-35]　　☞(2)(3)答○

❏ 団体商標である旨を記載した書面及び商標法第7条第3項（団体商標）に規定する書面が移転登録の申請と同時に特許庁長官に提出されても、通常の商標権が、団体商標に係る商標権として移転されることはない。[H28-商標7]

　　　　　　　　　　　　　　　　　　　☞(3)答○

❏ 団体商標に係る商標権が移転されたときは、その商標権は、通常の商標権に変更されたものとみなされる。そのため、団体商標に係る商標権を団体商標に係る商標権として移転することができる場合はない。[H29-商標5]　　☞(4)答×

❏ 団体商標権を団体商標権として移転をすることはできるが、その場合は、その旨を記載した書面と、譲受人が7条1項に該当する者であることを証明する書面を、移転と同時に、特許庁長官に提出しなければならない。[予想問]　☞(4)答×

5章

商標権の移転(2)

1　混同防止表示請求 (24条の4)

(1)類似関係にある商標権が別人に移転された場合であって、業務上の利益が害されるおそれがあるときは、商標権者・専用使用権者は、他方の商標権者・専用使用権者・通常使用権者に対し、混同防止表示請求をすることができる。

⇨差止請求をすることはできない。

⇨混同防止表示請求は、差止請求に代わるものであるため、通常使用権者は、混同防止表示請求をすることができない。

(2)混同防止表示請求は、商標権者・専用使用権者が使用している指定商品等に係るものに限り、することができる。

⇨登録されている指定商品等が複数あり、商標権者等が使用していない商品等と同一・類似の商品等に対しては、混同防止を請求することはできない。

2　商標権の共有の場合の移転 (準特73条1項)

(3)商標権が共有の場合、他の共有者の同意がなければ、自己の持分を譲渡することはできない。

⇨一般承継であれば、共有者全員の同意を得なくても、移転ができる。相続等の一般承継の場合、持分の移転先（配偶者・子等）が明確であるから、共有に係る商標権者の利益を特段に害することがないからである。

学習日	月　日	月　日	月　日	月　日
正答数	／6	／6	／6	／6

出た過去問！ 出る予想問！ 目標 4 分で答えよう

❑ 通常使用権者は、いわゆる<u>混同防止表示請求をできる場合</u>がある。［予想問］　　　　　　　　　　　　　☞(1)答×

❑ 混同防止表示請求は、現実に業務上の利益が害されていなくても、そのおそれがあれば、混同防止表示請求をすることができる。［予想問］　　　　　　　　　☞(1)答○

❑ 商標権が移転された結果、類似の商品について使用をする同一の登録商標に係る商標権が商標権者甲と商標権者乙に帰属することになった場合において、甲がその登録商標を当該指定商品について使用することにより、その登録商標に係る乙の業務上の利益が害されるおそれがあるとき、乙は、甲に対し、<u>混同防止表示請求をするとともに差止請求権を行使することができる</u>。［H10-7］　　　　☞(1)答×

❑ 商標権が移転された結果、同一の商品について使用する類似の登録商標に係る商標権が甲、乙に属することとなった場合、甲の登録商標に係る<u>専用使用権者丙の指定商品についての登録商標の使用により乙の業務上の利益が害されるおそれがあるとき、常に、乙は丙に対し混同防止表示請求をすることができる</u>。［H11-7］　　　　☞(2)答×

❑ 共有に係る商標権の持分の譲渡は、<u>共有者の同意を得ないですることができる場合がある</u>。［H4-18］　　☞(3)答×

❑ 商標権が共有に係るときは、各共有者は、他の共有者の同意を得なければ、<u>いかなる場合もその持分を移転することはできない</u>。［H21-45］　　　　　　　　　☞(3)答×

5章

商標権の移転(3)

必ず出る! 基礎知識 目標 6 分で覚えよう

1 52条の2の審判の請求要件

(1)不正競争目的の使用に対する商標登録取消審判請求(52条の2)をするには、相互に類似する商標権が移転されたことが必要である。

⇨「移転」は、類似商標の分離移転・分割移転を含む。

⇨更に、①商標権者が、②専用権の範囲を、③不正競争の目的で使用し、④出所混同が生じたことが必要。

(2)類似商標の分離移転・分割移転後に、使用権者が使用して出所混同が生じた場合には、本審判ではなく、53条審判の対象となる。

(3)商標権者が不正競争の目的で使用していた場合に、52条の2の審判の請求を受ける。

⇨商品関係が同一又は類似なので、不正の目的ではない。

(4)出所混同が生じていることが必要であり、出所混同のおそれでは足りない。

(5)指定商品・役務ごとの請求はできない。

2 52条の2の審判の請求認容審決確定の効果

(6)52条の2の審判は、審決確定後に商標権が消滅する。

⇨審決確定の効果は将来効であるため、無効審判が係属していれば、審理は続行される。

(7)商標権者であった者は、審決確定の日から5年を経過しなければ、同一・類似の範囲内で商標登録を受けることができない。但し、出願をすることはできる。

(8)当該使用の事実がなくなった日から5年経過後は、本審判の請求ができない(除斥期間)。

出た過去問！出る予想問！ 目標**4**分で答えよう

❏ 52条の2の審判は、相互に類似する関係にある商標権が<u>分割移転された場合にのみ請求できる</u>のであって、<u>分離移転された場合には、請求をすることができない</u>。［予想問］
☞(1)答×

❏ 商標権の移転の結果、類似範囲に係る商標権が異なった商標権者に属することとなった場合に、使用権者が不正競争の目的で使用している場合であって出所混同が生じている場合には、52条の2の審判の請求ができる場合はないが、商標権者が不正競争の目的で禁止権の範囲を使用し出所混同が生じている場合は、<u>52条の2の審判の請求をすることができる</u>場合がある。［予想問］　　　☞(1)(2)答×

❏ 52条の2の審判は、<u>各指定商品又は指定役務ごとに請求</u>することができる。［予想問］　　　☞(5)答×

❏ 商標権Aに対して、無効審判と52条の2の審判の請求がなされ、<u>52条の2の審判の請求認容審決が確定した場合、無効審判は対象がなくなるので、審決却下となる</u>。［予想問］
☞(6)答×

❏ 52条の2の審判の請求認容審決確定により、商標権が消滅した。この場合、商標権者であった者は、審決確定の日から<u>5年経過しなければ、取り消された商標権と同一又は類似する商標登録出願をすることができない</u>。［予想問］
☞(7)答×

5章
商標権の移転と52条の2の審判

1 商標権の効力の及ばない範囲（26条）

(1)識別力のある図形と、商品等との関係で普通名称であるものが併記されて商標登録がなされた場合において、他人が普通名称に相当する部分を使用したとき、商標権の効力は及ばず、商標権侵害とならない（1項柱書かっこ書）。

(2)不正競争の目的なく自己の氏名・名称・著名な略称等を普通に用いられる方法で使用する場合、商標権の効力は及ばず、商標権侵害とならない（1項1号・2項）。

⇨不正競争の目的がある場合には、商標権侵害となり得る。

⇨フランチャイズチェーンの名称については、著名であるかどうかを問わず、「自己の名称」に該当する。

(3)指定商品等との関係で記述的なもの、普通名称等を普通に用いられる方法で使用する商標について、商標権の効力は及ばず、商標権侵害とならない（1項2号・3号）。

⇨この場合、「不正競争の目的がない」という要件は不要。

⇨当該指定商品等又はこれに類似する商品等を使用する場合、商標権の効力は及ばず、商標権侵害とならない。

(4)指定商品又は類似する商品等について慣用されている商標について、商標権の効力は及ばない（1項4号）。

⇨当該登録商標に係る指定商品だけではなく、類似する商品について慣用されている商標にも、商標権の効力は及ばず、商標権侵害とならない。

(5)慣用されている商標に類似する商標については、商標権の効力が及ぶ場合がある。

学習日	月　日	月　日	月　日	月　日
正答数	／6	／6	／6	／6

出た過去問！
出る予想問！ 目標 **4** 分で答えよう

❏ いわゆるハウスマークに代表されるような識別力のある商標に識別力のない文字等を結合させた商標について、その商標中の当該識別力のない文字等の部分には商標権の効力は及ばない。[H24-32]　　　　　　　　　　　☞(1)**答**○

❏ 自己の氏名と同一の氏名からなる商標についてされた商標登録に係る商標権があるとき、その商標権の効力は、自己の氏名を普通に用いられる方法で表示する商標に及ぶ場合がある。[H10-7]　　　　　　　　　　　　　　　　☞(2)**答**○

❏ フランチャイジー（加盟者）が使用するフランチャイズチェーンの名称は、当該名称が<u>著名である場合に限り</u>、「自己の名称」に該当する。[H28- 商標 6 改]　　　　☞(2)**答**×

❏ 商標権の効力は、指定商品又はこれに類似する役務の普通名称を普通に用いられる方法で表示するいずれの商標にも及ばない。[H12-19]　　　　　　　　　　　　☞(3)**答**○

❏ 商標権の効力は、当該登録に係る指定商品に類似する<u>商品</u><u>について、慣用されている商標</u>にも及ぶ場合がある。[H5-46]
　　　　　　　　　　　　　　　　　　　　　　☞(4)**答**×

❏ 商標権の効力は、当該指定商品又は指定役務について<u>慣用</u><u>されている商標に類似する商標</u>には及ばない。[H24-32]
　　　　　　　　　　　　　　　　　　　　　　☞(5)**答**×

1　商標権と利用関係の可否

(1)商標権と他の権利関係については、抵触の規定はあるが、利用関係の規定はない。

2　意匠権との抵触関係

(2)先願の意匠権と後願の商標権とが抵触する場合とは、商標の使用態様が、意匠の実施態様にも該当する場合である。

⇨意匠権との抵触関係が生じた場合に、使用が制限されるのは、抵触する指定商品等のみである。

⇨商標に混同防止表示を付しても、先願の意匠権と抵触関係にある場合には、商標の使用ができない。

3　商標権との抵触

(3)商標権が過誤登録であっても、無効審決が確定するまでは、商標権者は使用をすることができる。

⇨従って、無効審決が確定するまでは、先願の商標権と抵触する後願の商標権者も、使用をすることができる。

4　著作権との抵触

(4)商標登録出願前に発生した他人の著作権と抵触する場合、原則として、商標権者は使用できない。

⇨ただし、著作権は相対的独占権であるから、その商標（例図形商標）がその著作物に依拠（複製）していなければ、著作権者の許諾がなくても使用できる。

5　禁止権同士の抵触

(5)禁止権同士が抵触している場合は、両者共に使用が禁止される。

学習日	月 日	月 日	月 日	月 日
正答数	／5	／5	／5	／5

出た過去問！
出る予想問！　**目標4分で答えよう**

☐ 立体商標に係る商標権と、他人の先願の意匠権との間には
利用関係が成立する。［予想問］　　　　　☞(1)答✕

☐ 商標権者は、指定商品についての登録商標の使用がその使
用の態様によりその商標登録出願の日前の出願に係る他人
の意匠権と抵触するときであっても、混同防止表示をする
ことにより、登録商標の使用をすることができる。［H20-56］
☞(2)答✕

☐ 自己の登録商標に係る指定商品についての当該登録商標の
使用が、他人の登録商標に係る指定商品についての当該他
人の登録商標の使用に該当するとき、当該他人の商標権の
効力は、当該自己の登録商標の使用に及ぶ場合がある。
［H5-44］　　　　　　　　　　　　　　　☞(3)答✕

☐ 他人の著作物を複製した商標について商標登録出願を行い
商標登録を受けたときは、別個の法律に基づいて成立して
いる権利であるから、商標権者は、指定商品又は指定役務
について自由に登録商標を使用することができ、著作権者
の承諾を得る必要はない。［H22-27］　　☞(4)答✕

☐ 商標権のうちの禁止権については、禁止権の範囲が他の商
標権の禁止権の範囲と相互に抵触する場合には、双方の権
利の発生の時間的先後関係を問わず、抵触する部分は両方
とも使用が禁止されることとなる。［H24-54］　☞(5)答〇

5章

他人の権利との関係

9 専用使用権

1 専用使用権の設定

(1)禁止権の範囲には、専用使用権を設定できない。

⇨禁止権とは、自己の商標との類似範囲の排他権である。

⇨色違い類似商標 (70条) は、専用権の範囲なので、専用使用権の設定ができる。

(2)相互に類似する商品・役務間であっても、異なる者に対し、専用使用権の設定ができる。

2 専用使用権が設定できない商標

(3)公益団体等の著名な標章であって、4条2項により当該団体が取得した商標権には、専用使用権を設定できない。

⇨公益団体等の商標権でも、著名性のないものが商標権となった場合には、専用使用権の設定をすることができる。

(4)地域団体商標に係る商標権は、専用使用権の設定不可。

⇨団体商標に係る商標権は、専用使用権の設定ができる。

3 専用使用権の移転・放棄

(5)専用使用権の移転ができるのは、①商標権者・共有の専用使用権者の承諾又は同意がある場合と、②一般承継の場合である。

⇨専用使用権に対する質権の設定も、商標権者・共有の専用使用権者の承諾又は同意がなければできない。

⇨商標には、設備の荒廃という見地がないため、事業とともに移転することはできない。創作三法 (特許法・実用新案法・意匠法) と異なる点である。

(6)専用使用権の放棄には、商標権者の承諾は不要。専用使用権者の許諾による通常使用権者等の承諾があれば可能。

学習日	月 日	月 日	月 日	月 日
正答数	／6	／6	／6	／6

◎ 出た過去問！ 出る予想問！ 目標 **4** 分で答えよう ◎

❏ 商標権者は、登録商標に類似する商標（70条は考慮しない）について、専用使用権を設定することができない。[H9-46]

☞(1)答○

❏ 登録商標A（色彩のみからなる登録商標を除く。以下本枝において同様とする。）に類似する商標であって、色彩を登録商標Aと同一にするものとすれば登録商標Aと同一の商標であると認められる商標Bであっても、登録商標Aとは同一ではなく類似する商標なので、商標権者は、商標Bに関し、登録商標Aに係る商標権についての専用使用権を設定することができない。[R1-商標7]　　☞(1)答×

❏ 団体商標に係る商標権については、その商標権が商標法第4条第2項に規定する商標登録出願に係る商標権である場合は、専用使用権を設定することができない。[H23-11]

☞(3)答○

❏ 地域団体商標に係る商標権者は、その商標権について専用使用権を設定できる場合がある。[H26-34]　　☞(4)答×

❏ 専用使用権は、当該商標権者の承諾がないときであっても当該専用使用権者の事業とともにする場合及び相続その他の一般承継の場合には、常に、移転をすることができる。[H11-7]　　☞(5)答×

❏ 専用使用権者は、専用使用権について通常使用権を許諾している場合には、当該通常使用権者の承諾を得たときに限り、その専用使用権を放棄することができる。[H22-27]

☞(6)答○

5章

専用使用権

10 通常使用権

1 通常使用権の許諾

(1)禁止権の範囲には、通常使用権を許諾できない。

⇨色違い類似商標 (70条) ついては、許諾できる。

(2)団体商標・地域団体商標には、通常使用権を許諾できる。

⇨公益団体等の著名な標章であって、4条2項により当該
団体が取得した商標権に対しても、許諾できる。

2 通常使用権の効力

(3)通常使用権者は、商標権について、許諾を受けた範囲内
に限り、使用ができる。

⇨通常使用権は、登録により、商標権の譲受人や専用使用
権者に対抗できる。

3 通常使用権の移転・質権の設定

(4)通常使用権を移転できるのは、次の場合である (31条3項)。

　①商標権者の許諾による通常使用権の移転の場合は、商
　　標権者の承諾がある場合。

　②専用使用権者の許諾による通常使用権の移転の場合は、
　　商標権者・専用使用権者双方の承諾がある場合。

　③一般承継の場合。

⇨創作三法 (特許法・実用新案法・意匠法) のように、その事
業とともに移転ができる場合はない。

(5)通常使用権について質権を設定する場合には、①商標権者
の許諾による通常使用権では、商標権者の承諾が必要とな
り、②専用使用権者の許諾による通常使用権では、専用使
用権者の許諾に加えて商標権者の承諾が必要となる。

学習日	月 日	月 日	月 日	月 日
正答数	／6	／6	／6	／6

出た過去問！出る予想問！ 目標**4**分で答えよう

❏ 色違い類似商標（70条）を考慮すれば、商標権者は類似する範囲に通常使用権の許諾をすることができる。［予想問］
☞(1)答○

❏ 団体商標に係る商標権を有する法人は、その商標権について他人に通常使用権を許諾することができる場合がある。［H9-46］
☞(2)答○

5章

通常使用権

❏ 公益に関する事業であって営利を目的としないものを行っている者が、その事業を表示する著名な標章と同一の商標について商標登録を受けたとき、その者は、当該商標権について他人に通常使用権を許諾することができない。［H17-59］
☞(2)答×

❏ 商標権者甲が自己の商標権について通常使用権を乙に許諾した後にその商標権を丙に譲渡した場合、当該通常使用権がその商標権の譲渡の前に登録されていたときは、乙の通常使用権は商標権を譲渡により取得した丙に対しても、その効力を生ずる。［H29-商標6］
☞(3)答○

❏ 専用使用権について通常使用権が設定されている場合、その通常使用権を譲渡により移転するときは、当該商標権者と専用使用権者の双方の承諾を得なければならない。［H12-40］
☞(4)答○

❏ 専用使用権についての通常使用権を有する者は、商標権者の承諾を得たときは、その通常使用権について質権を設定することができる。［H16-37］
☞(5)答×

1 団体構成員が有する商標使用権 (31条の2)

(1)団体商標・地域団体商標に係る商標権の構成員には、<u>自
動的</u>に、商標を使用する権利(以下「商標使用権」)が発生
する。

(2)団体商標・地域団体商標に係る商標権の構成員に発生す
る使用権の範囲は、<u>法人又は組合等</u>が定める。

(3)団体商標に係る商標権の構成員は、<u>専用使用権</u>が設定さ
れている範囲内では、使用ができない。

⇨<u>通常使用権</u>が許諾されていても、構成員の使用権の範囲
に影響はない。

(4)団体・地域団体の構成員の地位は、<u>移転</u>ができない。

⇨<u>一般承継</u>の場合でも、移転はできない。

(5)団体の構成員は、一定の規定については、<u>通常使用権者</u>
とみなされる。

⇨「一定の規定」には、例えば、<u>不使用取消審判請求</u>(50条)
がある。

2 先使用による商標使用権の発生 (32条)

(6)商標権者の出願の際、日本国内において、<u>不正競争</u>の目
的なく、商標権と同一・類似の<u>周知商標</u>の使用をしてい
る者は、<u>継続</u>して、その商品又は役務について、その商
標の使用をすることができる。

⇨出願時が<u>補正書提出時</u>となった場合(9条の4、準意17条の
3参照)、「出願の際」は、「<u>もとの出願の際</u>」又は「<u>補正
書提出の際</u>」となる。

⇨<u>外国</u>で使用していても、使用する権利は発生しない。

学習日	月　日	月　日	月　日	月　日
正答数	／6	／6	／6	／6

出た過去問！
出る予想問！ 目標 **4** 分で答えよう

❏ 団体構成員は、登録商標の使用をする権利を許諾されること により、指定商品又は指定役務について登録商標を使用 することができる。[予想問]　　　　　　　　　☞(1)答✕

❏ 団体商標に係る商標権を有する法人は、その構成員が指定 商品又は指定役務について団体商標に係る登録商標の使用 をする権利につき、当該法人が定めた特定の品質等に関す る基準に合致した商品又は役務についてのみ認められる旨 の制限を課すことができる。[H26-34]　　　　　☞(2)答○

❏ 団体商標制度は、団体に属する構成員たる地位を有する者 に、当該団体商標の使用を認めるものであるから、当該構成 員は、商標権者が専用使用権を設定した場合でも、その設定 された範囲内で使用をすることができる。[予想問] ☞(3)答✕

❏ 地域団体商標に係る商標権を有する組合等の構成員は、相 続等の一般承継でも当該地域団体商標に係る登録商標の使 用をする権利を移転できない。[H24-1 改]　　　☞(4)答○

❏ 団体商標に係る商標権は、構成員が使用をしていれば、不 使用取消審判請求の対象とならない。[予想問]　☞(5)答○

❏ 商標登録に係る甲の商標登録出願前から乙が日本国内にお いて不正競争の目的でなくその商標登録出願に係る指定商 品に類似する商品について商標の使用をしていた結果、甲 の商標登録出願の際、現にその商標が乙の業務に係る商品 を表示するものとして需要者の間に広く認識されていたと きは、乙は、その商標を当該商品について継続して使用で きる。[H19-42]　　　　　　　　　　　　　　　☞(6)答○

5章

商標を使用する権利(1)

必ず出る！基礎知識 目標 6 分で覚えよう

1 先使用による商標を使用する権利（商標使用権）の効果（32条）

(1)先使用による商標使用権者は、先使用により使用をしているその商品・役務について、使用することができる。

⇨類似する範囲についてまで使用をすることはできない。

(2)先使用による商標使用権者は、業務承継の場合のみ、当該権利の移転ができる。

(3)商標権者は、先使用による商標使用権者に対して、混同防止のための表示を付すべきことを請求できる。

⇨先使用による商標使用権者から商標権者に対して、混同防止表示を請求することはできない。

2 地域団体商標に対する先使用による商標使用権（32条の2）

(4)地域団体商標に係る商標権に対する先使用による商標使用権は、先使用者に周知性が要求されない（32条の2第1項）。

⇨周知性が必要ない点以外は、通常の先使用による商標使用権と要件が同じである。

3 特許権等の存続期間満了後の商標を使用する権利

(5)商標権と特許権が抵触関係にある場合、特許権が存続期間満了により消滅すると、原特許権者には、残存した商標権に対する使用権が発生する。

⇨但し、その使用が不正競争目的でない場合に限る。

⇨原特許権者が有する使用権は、業務承継によっても移転しない。業務承継人が使用した場合には、商標権侵害となる。

出た過去問！
出る予想問！ 目標 **4** 分で答えよう

❏ 先使用による商標の使用をする権利を有する者は、他人の登録商標に係る商標登録出願の際に使用していたその登録商標と同一の商標については、<u>その使用に係る商品に類似する商品についても、この権利の行使として使用をすることができる。</u>[H22-27]　　　　　　　　☞(1)答✕

❏ 先使用による商標を使用する権利は、業務承継があれば移転できる。[予想問]　　　　　　　　☞(2)答○

❏ 商標権者は、先使用による商標の使用をする権利を取得した者に対して、混同を防ぐのに適当な表示を付すよう請求することができる。[H17-28 改]　　　　　　　　☞(3)答○

❏ 他人の地域団体商標の商標登録出願前から日本国内において不正競争の目的でなく、その出願に係る商標と同一又は類似の商標を、当該出願に係る指定商品と同一又は類似の商品について使用していた者が、継続してその商品についてその商標を使用する場合は、<u>当該商標がいわゆる周知であることを要件として、</u>商標法第 32 条の 2 の先使用権を有する。[H25-29]　　　　　　　　☞(4)答✕

❏ 甲の有する商標権に抵触する先願に係る特許権の存続期間満了後の商標を使用する権利を有する乙から、当該特許権の実施に係る業務を承継した丙が、不正競争の目的でなく、当該特許権の範囲内において、甲の商標権に係る登録商標をその指定商品に使用した場合、甲は丙に対し当該使用行為の差止めを請求することは<u>できない。</u>[H30- 商標 8 改]

　　　　　　　　☞(5)答✕

5章

商標を使用する権利(2)

13 権利侵害

1 商標権の侵害 (25条)

(1)商標権の侵害となるのは、<u>正当な権原なき第三者</u>が、登録商標と<u>同一</u>の範囲（専用権）を使用した場合である（25条本文）。

⇨<u>色違い類似商標</u>（70条）の使用は、登録商標自体の使用であるから、商標権の侵害そのものであって、商標権の侵害とみなされるわけではない。

(2)商標権者は、専用使用権を設定した範囲を使用した場合には、専用権の範囲を使用している場合であっても、<u>専用使用権の侵害</u>となる（25条但書）。

(3)商品を小分けする行為は、商標権侵害となる。

⇨商標の機能を害するからである。

(4)書籍の題号としての使用は、商標権の侵害とはならない。

⇨当該指定商品の<u>商標的使用態様</u>ではないからである。

2 みなし侵害 (37条)

(5)<u>類似範囲</u>の使用は、商標権の侵害とみなされる。

⇨類似範囲は、他人の使用を排斥した結果として、実質上使用できるが、その使用が他人の商標権の<u>禁止権</u>の使用に該当する場合には、商標権の侵害とみなされる。

(6)<u>予備的行為</u>であって、かつ譲渡等の目的を有する行為は、商標権の侵害とみなされる。

⇨同一又は類似範囲の商標を付した商品を<u>譲渡・引渡し・輸出</u>のために<u>所持</u>する行為等が、これに当たる。

学習日	月 日	月 日	月 日	月 日
正答数	／6	／6	／6	／6

出た過去問！
出る予想問！ 目標 **4** 分で答えよう

❏ いわゆる色違い類似商標の使用は、類似範囲の使用であるから、商標権の侵害とみなされる。[予想問]　　　☞(1)答×

❏ 専用使用権を設定した範囲内における登録商標の使用は、商標権者自ら使用する場合であっても、専用使用権の侵害となる。[S57-25]　　　☞(2)答○

5章

権利侵害

❏ 「工業用油脂」を指定商品とする登録商標の商標権者が外国で販売した真正商品であるモーター用添加油を、他人がドラム缶入で輸入し、小型容器に小分けして、内容物を表示するために当該登録商標を付して販売することは、当該登録商標の商標権を侵害しない。[H20-22]　　　☞(3)答×

❏ 書籍に記述されている内容を英語で表記したものであって、それを端的に表すための略語である頭文字3文字を並べた文字列が、「印刷物（文房具類に属するものを除く。）」を指定商品とする登録商標の文字構成と同一である場合、当該文字列を書籍の表紙の見やすい位置に大きく表示して販売することは、当該登録商標の商標権を侵害する。[H20-22]
　　　☞(4)答×

❏ 自己の登録商標に類似する商標をその指定商品に使用する場合であっても、その使用が他人の登録商標に類似する商標をその指定商品に使用する場合となるときは、その他人の商標権の侵害となる。[H9-25]　　　☞(5)答○

❏ 他人の商標登録に係る指定商品と類似する商品に当該登録商標と類似する商標が付されたものを所持する行為は、当該商標権を侵害するものとみなされることがある。[H18-40]
　　　☞(6)答○

1　差止請求

(1)差止請求では、相手方の故意・過失は要件とされない。

⇨この点、損害賠償請求と異なる。

⇨差止請求に対して無過失の立証をしても、差止請求は認容される。

(2)ラジオ・街頭放送による広告は、登録商標が音の商標でない場合でも、侵害のおそれのある行為として、差止請求の対象となり得る(36条1項)。

(3)口頭弁論の終結時までに商標権が消滅している場合には、差止めの認容判決はなされない。

2　普通名称化する行為と侵害

(4)商標を普通名称化する行為には、差止請求をすることができない。

3　差止請求と準特104条の3の抗弁

(5)商標権の行使が準特104条の3で制限された場合は、商標権の権利行使はできないが、商標権は消滅しない。

⇨無効審判の請求認容審決の確定の場合とは異なる。無効審判は絶対無効(商標権自体が消滅)であるのに対し、準特104条の3は相対無効(商標権自体は不消滅)なので、権利行使が封じられるだけである。

4　権原を有する者から譲渡を受けた者の抗弁

(6)権原のある者(商標権者・先使用による商標使用権者)から譲渡を受けた者の販売行為は、商標権の侵害ではなく、差止請求の対象とならない。

出た過去問！出る予想問！ 目標 **4** 分で答えよう

❑ 商標権者から、商標権の侵害であるとして侵害行為の差止めを請求された者は、その行為が無過失によるものであることを立証することにより、その行為の差止めを免れることができる場合はない。[H17-16]　　　☞(1)图○

❑ 商標権者は、自己の登録商標に係る指定商品について当該登録商標を他人が街頭放送を用いて放送する行為に対して、当該商標権に基づく差止請求権を行使することができる場合がある。ただし、当該商標権は音の商標ではないものとする。[H3-1 改]　　　☞(2)图○

❑ 商標権侵害訴訟提起後に、当該訴訟に係る商標権について商標登録の取消しの審判（商標法第50条第1項）の請求がなされ、口頭弁論終結前に当該商標登録を取り消すべき旨の審決が確定したときは、当該訴訟においては差止めの請求が認められることはない。[H21-60]　　　☞(3)图○

❑ 商標権者は、自己の登録商標をその指定商品の普通名称として辞書に掲載する他人の行為に対し、当該登録商標の商標権に基づき、差止請求権を行使して当該行為の停止を請求することができる。[H28-商標5]　　　☞(4)图×

❑ 商標権侵害差止請求訴訟において当該商標権に基づく差止請求が準特104条の3にあたるとして認容されなかったとき、当該判決が確定したとしても、そのことによってその商標権は消滅しない。[H11-18 改]　　　☞(5)图○

❑ 先使用による商標を使用する権利を有する者から商品を購入した者が、当該商標を付した商品を販売しても、差止請求は認められない。[予想問]　　　☞(6)图○

5章 差止請求

1 損害額等の立証の軽減規定

(1)侵害者と商標権者の市場に補完関係がない場合には、損害額の立証軽減規定 (38 条 1 項) は、適用されない。

⇨ 38 条 1 項では、商標権者の能力を超えた販売数量及び代替品の存在は、損害額の控除要因となる。その場合でもライセンスできるときは、侵害的ライセンス料が損害額として加算される。

(2)商標を使用していない場合には、商標に財産的価値としての業務上の信用が化体していないため、損害賠償請求ができない場合がある。

(3)登録商標と社会通念上同一の商標の使用については、商標権の取得及び維持に通常要する費用を損害額とすることができる。

⇨ 平仮名・片仮名・ローマ字の文字の表示を相互に変更するものであって、同一称呼・観念を生ずる商標は、社会通念上同一の商標である。

2 過失の推定

(4)商標権侵害に基づき損害賠償請求をする場合には、過失が推定されるので、商標権者は、侵害者の故意・過失の立証をする必要はない (準特 103 条)。

3 信用回復の措置請求

(5)商標権の侵害者に故意・過失があるとき、裁判所は、損害賠償とともに、又は損賠賠償に代えて、信用回復の措置をとるよう命じることができる (準特 106 条)。

出た過去問！
出る予想問！ 目標**4**分で答えよう

❏ 商標法第38条第1項所定の「商標権者がその侵害行為が なければ販売することができた商品」であるか否かについ ては、商標権を侵害する商品と登録商標に係る商品との間 の市場における相互補完関係の存在の有無によって、判断 される。[H16-45]　　　　　　　　　　　　　☞(1)答○

❏ 商標権を侵害した者に対し、「登録商標の使用に対し受け るべき金銭の額に相当する額の金銭」を損害の額として請 求できる旨を定めた商標法第38条第3項は、不法行為に 基づく損害賠償請求において、損害の発生していないこと が明らかな場合にまで侵害者に損害賠償義務がある、とす る趣旨の規定ではない。[H16-45]　　　　　　☞(2)答○

❏ 登録商標がカタカナであり、権原なき第三者がそれをロー マ字で記載した商標を指定商品に使用した場合は、称呼が 同一であるため、常に、商標権の取得及び維持に通常要す る費用を損害額として損害賠償請求することができる。[予 想問]　　　　　　　　　　　　　　　　　　　☞(3)答×

❏ 商標権者は、損害賠償請求をする際に相手方の過失を立証 する必要はない。[予想問]　　　　　　　　　　☞(4)答○

❏ 商標権者は、損害賠償請求権を行使した場合は、重ねて信 用回復措置請求権を行使することはできない。[H21-60]
　　　　　　　　　　　　　　　　　　　　　　☞(5)答×

5章
損害賠償の立証の軽減規定

16 登録料

1 設定登録料（一括納付・分割納付）の納付時期（41条、41条の2）

(1)登録料は、商標登録をすべき旨の査定又は審決の謄本の送達があった日から30日以内に納付しなければならない。

⇨ 10年一括納付の納付時期も、分割納付における前半部の納付時期も、同様である。

(2)登録料納付期間には、①準特4条延長（遠隔・交通不便の地にある者の請求又は特許庁長官の職権による裁量延長）、②請求による30日間の延長がある。

(3)上記(1)(2)の納付期間を経過した場合でも、次の場合は、料金納付ができる。

　①経済産業省令で定める期間中。

　②上記①の期間が経過しても、商標権者に不責事由がある場合は、その理由がなくなった日から14日（在外者にあっては2月）以内、かつ、上記期間の経過後6月以内。

2 更新申請の料金納付

(4)更新の登録料は、更新の申請と同時に納付しなければならない（41条5項）。

⇨ 申請と同時に料金納付がされない場合には、補正が命じられる（77条2項で準用する特17条3項）。

(5)更新登録料の一括納付の場合は、更新の申請と同時に納付しなければならず、申請は商標権者のみに認められているため、利害関係人が納付することはできない。

学習日	月 日	月 日	月 日	月 日
正答数	／7	／7	／7	／7

出た過去問！　出る予想問！　目標 **4** 分で答えよう

❏ 商標権の登録を受けようとする者は、分割納付の場合、原則として、登録査定謄本の送達の日から30日以内に前半部の登録料を納付しなければならない。［予想問］ ☞(1)🔁○

❏ 商標権の設定登録を受けようとする者は、一括納付の場合も、分割納付の場合も、原則として、登録査定謄本送達の日から30日以内に納付しなければならない。［予想問］
☞(1)🔁○

❏ 遠隔又は交通不便の地にある者以外の者が商標権の設定の登録料を納付すべき期間の延長を特許庁長官に請求した場合であっても、その期間が延長されることはない。［H24-35］
☞(2)🔁×

❏ 遠隔又は交通不便の地にある者の商標権の設定の登録料を納付すべき期間は、延長がなされる場合がある。［予想問］
☞(2)🔁○

❏ 商標権の登録料の納付は、査定謄本の送達の日から30日を経過した後でもできる場合がある。ただし、登録料の納付期間の延長はないものとする。［予想問］ ☞(3)🔁○

❏ 商標権の更新の申請の際の料金は、申請と同時に納付しなければならず、同時に納付がない場合は補正が命じられる。［予想問］ ☞(4)🔁○

❏ 商標権の更新登録料の一括納付は、商標権者のみならず利害関係人もすることができる。［予想問］ ☞(5)🔁×

5章
登録料

商標法上の
不服申立て

登録異議の申立ての要件

1　異議申立ての主体

(1)異議申立ては、何人もできる（43条の2柱書）。

⇨利害関係人である必要はない。

⇨法人格なき社団等であっても、異議申立てができる。

(2)異議申立人の地位は、承継されない。

⇨相続等により一般承継されることもない。

2　異議申立期間

(3)異議申立てができるのは、商標掲載公報発行の日から2月間である。

⇨設定登録から2月間ではない。

⇨異議申立期間は、延長できない。

3　異議申立理由

(4)権利の帰属に関する事項・後発的事由・手続的事由は、異議申立理由とならない。

⇨上記事由が異議理由から除かれているのは、公益的制度であり、申立期間が短いからである。

(5)先願主義（8条1項）違反は、拒絶理由にはならないが、異議理由・無効理由である。

⇨先願・後登録の商標権は、後願・先登録の商標権を無効・取消決定により消滅させることができる。

(6)自己の業務に係る商品・役務について使用しない商標は、拒絶理由・異議理由・無効理由である（3条1項柱書）。

4　異議申立ての単位

(7)異議申立ては、指定商品・指定役務ごとに行うことが可能である。

学習日	月 日	月 日	月 日	月 日
正答数	／7	／7	／7	／7

◉ 出た過去問！ 出る予想問！ 目標 **4** 分で答えよう ◉

❏ 登録異議の申立ては、法人格なき社団等でもできる。[予想問]
　　　　　　　　　　　　　　　　　　　　　　　☞(1)答〇

❏ 登録異議申立人たる会社甲が合併により消滅したとき、当該登録異議申立人の地位は、合併後存続する会社乙に承継される場合はない。[H24-60]　　　　　　　☞(2)答〇

❏ 登録異議の申立てをすることができるのは、商標権設定の登録の日から2月以内である。[H15-59]　　☞(3)答✕

❏ 登録異議申立人の申し立てない理由であっても、審判官は、当該商標登録が当該商標登録出願により生じた権利を承継しない者の商標登録出願に対してされたものであることを発見したときは、そのことを理由としてその商標登録を取り消すべき旨の決定をすることができる。[H12-26]
　　　　　　　　　　　　　　　　　　　　　　　☞(4)答✕

❏ 商標登録がされた後に、その商標が外国の国旗と類似するものとなった場合、登録異議の申立てをすることができる。[予想問]　　　　　　　　　　　　　　　☞(4)答✕

❏ 後願の商標が先に登録になってしまった場合、これと類似する先願の商標は4条1項11号に該当しないので登録されるが、後願先登録の商標権は、8条1項違反として登録異議の申立ての対象となる。[予想問]　　☞(5)答〇

❏ 商標登録が、当該指定商品に係る自己の業務を有しない者がした商標登録出願に対してされたことを理由として、登録異議の申立てをすることができる場合がある。[H9-15]
　　　　　　　　　　　　　　　　　　　　　　　☞(6)答〇

2 登録異議の申立ての審理

1 審理の方式等

(1)異議申立ての審理は、<u>書面審理</u>が原則だが、<u>商標権者</u>・<u>異議申立人</u>の申立て、又は職権で、<u>口頭審理</u>にすることができる（43条の6第1項）。

⇨特許には書面審理しかないことと比較せよ。

(2)異議申立書の理由や証拠の要旨の変更となる<u>補正</u>は、申立期間経過後<u>30</u>日まで可能である（43条の4第2項）。

⇨異議申立期間は、商標掲載公報発行の日から<u>2</u>月以内。

(3)上記(2)の補正期間は、<u>遠隔</u>又は<u>交通不便</u>の地にある者のため請求により、又は職権で、<u>延長</u>される場合がある（43条の4第3項）。

⇨異議申立期間が延長できるわけではない。

(4)審判長は、登録異議申立書の<u>副本</u>を商標権者に<u>送付</u>しなければならない（43条の4第4項）。

⇨送達ではない点に注意。

2 中断・中止の効力

(5)共有となっている<u>商標権者</u>の1人に中断理由がある場合、審理は<u>中断</u>する（43条の6第3項）。

⇨異議申立人側に中断理由があっても、審理は中断しない。

3 参　　加（43条の7第1項）

(6)異議申立てにおいて<u>補助参加</u>が認められるのは、商標権者側だけである。

(7)参加できるのは、異議申立てについての<u>決定</u>があるまでである。

学習日	月　日	月　日	月　日	月　日
正答数	／7	／7	／7	／7

出た過去問！
出る予想問！
目標 **4** 分で答えよう

❑ 商標法上の登録異議の申立ての審理は、<u>書面審理のみである</u>。［予想問］　　　　　　　　　　　☞(1)答×

❑ 登録異議申立人は、商標法第43条の2に規定する期間（商標掲載公報の発行の日から2月以内）の経過後30日を経過するまでであれば、登録異議の申立ての理由について、要旨を変更するものであっても、補正をすることができる。
［H28- 商標 9］　　　　　　　　　　　☞(2)答○

❑ 登録異議の申立てをすることができる期間の経過後であっても、その申立ての理由及び必要な証拠の表示について、要旨の変更となるような補正をすることができる場合がある。［H15-59］　　　　　　　　　　　☞(2)(3)答○

❑ 審判長は、登録異議の申立てがあったときは、登録異議申立書の副本を当該商標権者に送達し、<u>答弁書を提出する機会を与えなければならない</u>。［予想問］　☞(4)答×

❑ 共同でされた登録異議の申立てにおいて、<u>申立人の1人について審理手続の中断の原因があるときは、その登録異議申立てについての審理の手続は中断する</u>。［予想問］
　　　　　　　　　　　☞(5)答×

❑ 登録異議の申立てでは、申立人側への補助参加は認められない。［予想問］　　　　　　　　　　　☞(6)答○

❑ <u>取消しの理由通知があった後は、当該商標権に関し利害関係を有する者が、当該登録異議の申立てについての審理に参加できる場合はない</u>。［予想問］　☞(7)答×

3 登録異議の申立ての決定・取下げ等

必ず出る!
基礎知識 目標 **6** 分で覚えよう

1 審理・決定(43条の3)

(1)異議申立ては、3人又は5人の審判官の合議体で審理する。

(2)異議申立ての決定には、維持決定と取消決定がある。

⇨維持決定に対しては、不服を申し立てることができない。

⇨無効審判の請求棄却審決に対しては、審決等取消訴訟で
争うことができることと比較せよ。

2 申立ての取下げ(43条の11)

(3)異議申立ては、取消理由通知があった後は、取り下げる
ことができない。

(4)異議申立てには職権主義が採用されている。

⇨しかし、異議申立てが取り下げられた場合には、審判官
は、職権で審理を続行することができない。

(5)異議申立ての取下げは、指定商品等ごとにすることがで
きる。

3 その他

(6)異議申立てに維持決定がされた場合でも、同一理由・同
一証拠に基づき、無効審判の請求ができる。

(7)無効審判とは異なり、異議申立てにおいては、審理終結
通知がされることはない。

(8)同一の商標権に係る2以上の登録異議の申立ての審理は、
原則として併合される(43条の10)。

学習日	月　日	月　日	月　日	月　日
正答数	／7	／7	／7	／7

出た過去問！ 出る予想問！ **目標 4 分で答えよう**

❏ 登録異議の申立ても商標登録無効審判も、登録処分の瑕疵に関する事項であることは共通なので、無効審判の請求棄却審決に対しては、審決等取消訴訟を提起することができる。また、商標登録を維持すべき旨の決定に対しては、<u>不服を申し立てることができる</u>。［予想問］　☞(2)答✕

❏ 登録異議申立人は、商標登録の取消しの理由の通知があった後は、仮に当該商標権者の承諾を得たときでも、当該登録異議の申立てを取り下げることはできない。［H22-7］
☞(3)答○

❏ 登録異議の申立てについての審理においては、<u>登録異議の申立ての取下げの手続があった後も</u>、審判長は、当該商標登録を取り消すべき理由があると認めるときは、<u>職権で審理の続行をすることができる</u>。［H14-45］　☞(4)答✕

❏ 登録異議の申立ての取下げは、指定商品単位ですることができる。［予想問］　☞(5)答○

❏ 商標登録を維持すべき旨の決定について不服がある異議申立人は、当該登録異議申立てと同一の事実及び同一の証拠に基づき、その商標登録について商標登録の無効の審判を請求することができる。［H12-26］　☞(6)答○

❏ 登録異議申立ての審理では、審判長が審理終結通知を行うことはない。［予想問］　☞(7)答○

❏ 同一の商標権に係る2以上の登録異議の申立てについては、その審理は、特別の事情がない限り併合される。［H29-商標3］　☞(8)答○

6章

登録異議の申立ての決定・取下げ等

必ず出る！基礎知識　目標 **6** 分で覚えよう

1 拒絶査定不服審判の請求（44条）

(1)拒絶査定を受けた者は、原則として、拒絶査定謄本の送達日から3月以内に、拒絶査定不服審判の請求ができる。

(2)拒絶査定不服審判の請求期間には、①準特4条延長、②不責事由による追完がある。

⇨準特4条延長を認めるか否かは、特許庁長官の裁量による。

⇨不責事由による追完の期間は、その理由がなくなった日から14日（在外者は2月）以内、かつ、請求期間経過後6月以内である。

2 補正却下決定不服審判の請求

(3)補正却下決定を受けた者は、原則として、補正却下決定謄本の送達日から3月以内に、補正却下決定不服審判の請求ができる（45条1項本文）。

(4)補正却下決定不服審判の請求期間には、①準特4条延長（特許庁長官の裁量による延長）、②不責事由による追完がある（45条2項）。

⇨不責事由による追完の期間は、上記(2)と同様である。

(5)新出願（17条の2）が行われた後は、補正却下決定不服審判請求ができない（45条1項但書）。

⇨もとの出願が取下擬制となり、その対象がなくなるからである。

⇨補正却下決定不服審判の請求後に新出願をすることは、可能である。

学習日	月　日	月　日	月　日	月　日
正答数	／5	／5	／5	／5

出た過去問！出る予想問！ 目標**4**分で答えよう

❏ 拒絶をすべき旨の査定を受けた者は、その査定に不服があるときは、その査定の謄本の送達があった日から30日以内に拒絶査定不服審判を請求をしなければならない。〔予想問〕　　　☞(1)答×

❏ 拒絶をすべき旨の査定を受けた者は、その査定に不服があるときは、その査定の謄本の送達の日から3月を超えて拒絶査定不服審判の請求をすることができる場合がある。〔予想問〕　　　☞(2)答○

❏ 補正却下決定不服審判を請求しようとする者が、当該決定の謄本の送達があった日から3月を経過し、その責めに帰することができない理由により、商標法45条1項に規定する期間経過後3月を経過した場合でも、補正却下決定不服審判の請求ができる場合がある。〔予想問〕　(2)(3)(4)答○

❏ 商標登録出願人は、補正の却下の決定謄本送達のあった日から3月以内にその補正後の指定商品について新たな商標登録出願をした場合は、補正却下の決定に対する審判を請求することができない。〔H28-商標8〕　　　☞(5)答○

❏ 商標登録出願人は、審査官による補正の却下の決定を受けた場合、商標法第17条の2第1項において準用する意匠法第17条の3第1項に規定する新たな商標登録出願をすることができるが、当該商標登録出願をした後は、その補正の却下の決定に対する審判を請求することができない。〔H29-商標7〕　　　☞(5)答○

6章

拒絶査定不服審判・補正却下決定不服審判

必ず出る！基礎知識 目標 **6** 分で覚えよう

1 無効審判の請求(46条)

(1)無効審判は、利害関係人でなければ請求することができない。利害関係の有無は、審決時をもって判断する。

(2)無効審判は、指定商品・指定役務ごとに、請求することができる。

(3)権利消滅後も、無効審判の請求は可能である。

⇨異議申立てが権利消滅後にはできないことと比較せよ。

2 無効理由

(4)46条に掲げられた無効理由は、限定列挙であり、基本的に、拒絶理由と同じである。

⇨なお、指定商品等と区分とが齟齬(6条2項違反)する場合、無効審判の請求はできない。

(5)商標登録が、その商標登録出願により生じた権利を承継しない者の商標登録出願に対してされたことは、無効理由になる(46条1項4号)。

⇨異議理由にはならない(43条の2参照)。

3 後発的事由

(6)登録後、「公益的不登録事由の一部」に該当するときは、後発的無効理由になる(46条1項6号)。

⇨「公益的不登録事由の一部」とは、本書では、国旗等(4条1項1号)・パリ同盟国等の紋章等(2号)・国際機関の標章(3号)・パリ同盟国等の証明用の印章等(5号)・公序良俗(7号)・品質誤認(16号)のことをいうものとする。

⇨公益団体を表示する著名な標章(4条1項6号)は、後発的無効理由にはならない。

◉ 出た過去問！ 出る予想問！ **目標 4 分で答えよう** ◉

❏ 商標登録の無効の審判は、利害関係人に限り請求すること
ができ、その利害関係の有無は審判請求時を基準に判断さ
れる。[H30- 商標 5] ☞(1)答✕

❏ 商標登録の無効の審判及び登録異議の申立ては、権利消滅
後も請求することができる。[予想問] ☞(3)答✕

❏ 第5類「薬剤，医業」を指定商品とする医療法人甲の商標
登録出願に関し、審査において拒絶の理由を通知されるこ
となく、商標登録がなされた場合には、その商標登録が、
商品及び役務の区分との関係で商標登録の無効の審判の請
求により無効とされることはない。[H18-37] ☞(4)答○

❏ 商標登録が、商標登録出願により生じた権利を承継しない
者の商標登録出願に対してされた場合には、異議理由及び
無効理由になる。[予想問] ☞(5)答✕

❏ 登録商標が、その登録の後、商標登録の無効の審判の請求
時までの間に、商品の品質の誤認を生ずるおそれがある商
標に該当するものとなっている場合、そのことを理由とし
て、商標登録の無効の審判を請求することはできない。
[H19-26] ☞(6)答✕

❏ 登録商標が、その登録の後、商標法第46条第1項の審判（商
標登録の無効の審判）の請求時までの間に、地方公共団体
を表示する標章であって著名なものと同一又は類似の商標
に該当するものとなっている場合、そのことを理由とする
当該審判の請求をすることができる。[H25-3] ☞(6)答✕

6 商標登録の無効審判(2)

必ず出る！基礎知識 目標 6 分で覚えよう

1 地域団体商標に係る商標権の無効理由

(1)地域団体商標に係る商標権が7条の2に違反していることは、無効理由になる(46条1項1号)。

⇨主体・周知性・地域との関連性がない場合に当たる。但し、周知性は、全国的なものである必要はない。

2 地域団体商標に係る商標権の後発的無効理由

(2)登録後に、①地域団体商標に係る商標権者が7条の2第1項に規定する主体でなくなっているとき、②7条の2第1項に規定する周知性がなくなっているとき、③7条の2第1項各号に該当するものでなくなっているときは、後発的無効理由になる(46条1項7号)。

3 無効審判における審判長の通知義務

(3)審判長は、参加の機会を与えるため、登録した権利を有する者に対し、無効審判請求があった旨を通知しなければならない(46条4項)。

⇨通常使用権者も、登録があれば、審判長が通知を行う。

⇨この点、通常実施権の登録制度がない創作三法(特許法・実用新案法・意匠法)とは異なることに注意せよ。

4 無効審判の請求認容審決確定の効果(1)

(4)商標登録の無効審決が確定したときは、商標権は、初めから存在しなかったものとみなされる(46条の2第1項)。

(5)無効審判の請求認容審決確定の効果は、遡及効である。

⇨従って、既に特許庁に係属している取消審判は、その対象がなくなるため、取り下げられない限り、審決却下となる。

学習日	月 日	月 日	月 日	月 日
正答数	／5	／5	／5	／5

出た過去問！
出る予想問！ 目標 **4** 分で答えよう

❏ 地域団体商標に係る商標権が7条の2に違反しているとき
は、そのことを理由としてその商標登録を無効にすること
について審判を請求することができる。［予想問］　☞(1)答○

❏ 地域団体商標の商標登録がされた後において、その登録商
標が商標権者又はその構成員の業務に係る商品又は役務を
表示するものとして需要者の間に広く認識されているもの
に該当するものでなくなっているときは、そのことを理由
としてその商標登録を無効にすることについて審判を請求
することができる。［H20-26］　　　　　　　　☞(2)答○

❏ 商標登録の無効の審判の請求があったときは、当該商標権
に通常使用権の設定の登録がされている場合、審判長は、
その旨を当該通常使用権者に対して通知しなければならな
い。［H28-商標9］　　　　　　　　　　　　　☞(3)答○

❏ 登録商標が、公の秩序又は善良の風俗を害するおそれがあ
る商標に該当するものとして、当該商標登録を無効にすべ
き旨の審決が確定したとき、当該商標権は、その商標登録
を無効にすべき旨の審決が確定した日から存在しなかった
ものとみなされる。［H19-26］　　　　　　　　☞(4)答×

❏ 商標登録の無効審判（商標法第46条）が請求された後、
当該登録商標について、不使用による商標登録の取消審判
（商標法第50条）が請求された場合、当該商標登録に係る
すべての指定商品について商標登録を無効とすべき旨の審
決が確定したとき、当該取消の審判の請求は、取下げられ
ない限り、審決をもって却下される。［H19-26］　☞(5)答○

6章

商標登録の無効審判(2)

必ず出る！基礎知識　目標 **6** 分で覚えよう

1 無効審判の請求認容審決確定の効果⑵

(1)後発的無効理由により商標登録を無効にすべき旨の審決が確定したとき、商標権は、その理由に該当するに至ったとき又は無効審判の請求の登録（予告登録）の日から存在しなかったものとみなされる（46条の2第1項但書・2項）。

⇨このような規定があるのは、商標法のみである。

2 除斥期間（47条）

(2)商標登録に瑕疵があり、登録から5年（除斥期間）を経過した場合、無効審判の請求はできない。

⇨除斥期間の対象となるのは、次の規定である。

　①登録要件（3条）　②先後願（8条1項・2項・5項）

　③権利非承継者の出願に対する登録（46条1項4号）

　④私益的不登録事由（4条1項8号・10号～15号・17号）

⇨除斥期間の適用がないのは、次の規定である。

　①不正競争目的による周知商標違反（4条1項10号）・原産地誤認惹起違反（同項17号）

　②不正目的による出所混同違反（4条1項15号）

　③周知表示冒用行為（4条1項19号）

　④公益的不登録事由（4条1項1号～7号・9号・16号・18号）

(3)地域団体商標における7条の2違反については、原則として、除斥期間の適用がない。

⇨但し、周知性の要件に関しては、①商標権の設定登録日から5年経過し、かつ、②無効審判請求時に周知性を獲得しているときは、除斥期間の適用があるため、無効審判の請求ができない（47条2項）。

出た過去問！
出る予想問！ **目標 4 分で答えよう**

❏ 商標登録がされた後において、その登録商標が外国の国旗と同一の商標に該当するものとなったことを理由として、その商標登録を無効にすべき旨の審決が確定した場合、当該無効事由に該当するに至った時を特定できないときは、その商標権は、当該審決が確定した時から存在しなかったものとみなされる。[H29- 商標 10] ☞(1)答✕

❏ 商標登録を無効にすべき旨の審決が確定したとき、その商標権が当該審判の請求の登録の日から存在しなかったものとみなされる場合があるが、意匠登録を無効にすべき旨の審決が確定したとき、その意匠権が当該審判の請求の登録の日から存在しなかったものとみなされる場合はない。[H9-34] ☞(1)答○

❏ 商標登録が商標法第 4 条第 1 項第 15 号に違反してされたことを理由とする商標登録の無効の審判は、当該商標権の設定の登録の日から 5 年を経過した後においても、請求することができる場合がある。[H30- 商標 5] ☞(2)答○

❏ 地域団体商標の登録がその設定登録時に商標法第 7 条の 2 第 1 項に規定する周知性の要件を満たしていなかった場合、そのことを理由とする商標登録についての無効の審判は、商標権の設定の登録の日から 5 年を経過し、かつ、当該審判の請求時点において周知性を獲得するに至っている場合には、請求することができない。[H24-1] ☞(3)答○

8 不使用取消審判(1)

必ず出る！ 基礎知識 目標 6 分で覚えよう

1 不使用取消審判の主体的要件(50条)

(1)不使用取消審判は、何人も請求できる。

⇨従来は、請求人に関して何ら規定がなく、「利害関係人」でなければ請求ができないと解されていた。現在は「何人も」と主体が明文化されている。

(2)不使用取消審判の請求ができるのは、商標権者・使用権者のいずれもが使用していない場合である。

⇨先使用による商標使用権者(32条)が使用していても、不使用取消審判の請求は免れない。

(3)共有の商標権者の1人が使用している場合は、商標権者の使用であるため、不使用取消審判の請求はできない。

(4)不使用が3年以上継続すると、取消審判請求の対象となる。

⇨商標権の移転があった場合は、前主の不使用期間が合算されると解される。

2 不使用取消審判の客体的要件

(5)登録商標の使用をしていなければ、不使用取消審判により、商標権は、取消しとなる(50条1項)。

⇨禁止権(類似)の範囲での使用は、使用には当たらず、取消しの対象となる。

⇨色違い類似商標の使用は、登録商標の使用に当たり、取消しの対象とならない(70条1項)。

(6)社会通念上同一と判断される商標の使用は、登録商標の使用に当たり、取消しの対象とならない(38条5項かっこ書)。

⇨称呼及び観念が共通である商標の使用は、登録商標の使用に当たる。

学習日	月 日	月 日	月 日	月 日
正答数	／5	／5	／5	／5

◎ 出た過去問！出る予想問！ 目標 **4** 分で答えよう ◎

❏ 不使用取消審判の請求人適格について、商標法は<u>明文の規定を設けていない</u>が、<u>利害関係を有する者</u>に限られると解するべきである。[H13-24]　　　　　　　　　☞(1)🈁×

❏ 不使用による取消審判において、その審判の請求に係る指定商品について、商標法第32条に規定されているいわゆる先使用による商標の使用をする権利を有する者によって当該登録商標と同一の商標がその請求の登録前3年以内に日本国内において使用されていることの証明しか被請求人によってなされなかったときは、当該商標登録は取り消される。[S58-35]　　　　　　　　　　☞(2)🈁○

❏ <u>商標権の移転登録があった場合</u>は、その登録の日から3年を経過していないときは、当該商標権は、商標法第50条第1項（いわゆる不使用による商標登録の取消の審判）の審判により<u>取り消されることはない</u>。[H1-43]　☞(4)🈁×

❏ <u>禁止権</u>は、第三者の使用を排斥した結果、商標権者のみが使用できるので、<u>その範囲の使用をしていれば、不使用取消審判により取り消されることはない</u>。[予想問]　☞(5)🈁×

❏ 不使用による商標登録の取消しの審判の請求に係る登録商標が、ローマ字からなる場合において、当該商標権の通常使用権者がその審判の請求の登録前5月から継続して日本国内において、その請求に係る指定商品についてその登録商標を片仮名で表示した商標を使用していることを被請求人が証明すれば、<u>その商標登録はその審判において取り消されることはない</u>。[H27-54]　☞(6)🈁×

6章 不使用取消審判(1)

9 不使用取消審判⑵

必ず出る！基礎知識 目標**6**分で覚えよう

1 不使用取消審判の時期的要件 (50条)

(1)登録商標の不使用が3年間続いた場合は、不使用取消審判の請求ができる。

⇨但し、請求の登録前3年内に商標権者等が使用していること、又は使用できないことに正当な理由があることを、商標権者が立証すれば、原則として、不使用取消審判による請求認容審決を免れる。

⇨「正当な理由」の立証責任は、商標権者が負う。

⇨請求に係る一の指定商品等の使用のみを立証すれば、使用が立証された商品等だけでなく、請求に係る指定商品等全体について、請求棄却審決となる。

(2)審判請求がされることを知って、審判請求前3月から請求の登録の日までの間に使用しても（駆け込み使用）、使用にはならない。

⇨但し、その間の使用に正当な理由があれば、使用となる。

2 不使用取消審判の請求認容審決確定の効果

(3)不使用取消審判による商標登録取消しの審決が確定したときは、商標権は、審判の請求の登録の日に消滅したものとみなされる (54条2項)。

⇨不正使用取消審判とは異なり、制裁としての色彩がないので、①5年間の再登録禁止にはならない。②全ての指定商品等の取消しということにもならない。

(4)商標権者が、不使用取消審判の段階で使用証明を提出しないため、請求認容審決になった場合でも、審決等取消訴訟を提起して、使用証明を提出することができる。

学習日	月　日	月　日	月　日	月　日
正答数	／4	／4	／4	／4

出た過去問！
出る予想問！ **目標4分で答えよう**

❏ 不使用取消審判においては、請求に係る指定商品についての登録商標の使用が当該審判の請求の登録前継続して3年以上日本国内において商標権者、専用使用権者又は通常使用権者のいずれによっても使用された事実がないことを<u>請求人が証明しない限り</u>、その請求に係る指定商品についての商標登録は取り消されることはない。[H13-24]　☞(1)答×

❏ 不使用取消審判の請求前3月から請求の日までの間に、商標権者が日本国内において、その請求に係る指定役務についての登録商標の使用をした場合であって、その登録商標の使用が、審判の請求がされることを知った後であることを請求人が証明したときは、被請求人がその登録商標を使用したことについて正当な理由があることを明らかにしない限り、その請求に係る指定役務についての商標登録は取り消される。[H13-24]　☞(2)答○

❏ 商標法第50条第1項の審判（不使用による商標登録の取消しの審判）において商標登録を取り消すべき旨の審決が確定したときは、商標権は、その審判の請求の登録の日に消滅したものとみなされる。[H23-25]　☞(3)答○

❏ 不使用による商標登録の取消しの審判の商標登録を取り消すべき旨の審決に対する審決取消訴訟において、原告（審判被請求人）は、審判において提出できたにもかかわらず提出しなかった当該登録商標が審判の請求の登録前3年以内に通常使用権者によって使用されている事実を、新たな証拠として提出し、使用の事実を立証することができる。[H27-54]　☞(4)答○

6章
不使用取消審判(2)

商標権者の不正使用取消審判

1　**不正使用取消審判請求の要件**(51条、52条)

(1)商標権者の不正使用取消審判は、何人も請求できる。

⇨利害関係人である必要はない。

(2)商標権者が故意に禁止権（類似）の範囲を使用し、品質等の誤認・出所混同を生じさせた場合には、何人も不正使用取消審判の請求をすることができる。

⇨専用権の範囲を使用しても、本審判の請求を受けない。

⇨商標権者の過失による場合は、本審判の請求を受けない。

(3)不正使用の事実がなくなった日から5年を経過した場合には、本審判の請求はできない。

2　**請求認容審決確定の効果**

(4)商標権者の不正使用取消審判では、不正使用を行った商品が一部の商品であっても、指定商品等の単位では請求ができず、商標登録全体に対して請求することとなり、商標権全体が取消しとなる。

(5)商標権者の不正使用取消審判の請求認容審決確定後に、商標権は消滅する（54条1項）。

⇨原商標権者は、取消審決確定日から5年を経過した後でなければ、同一・類似の商標登録ができない（51条2項）。

⇨5年経過前に原商標権者が同一・類似の商標出願を行った場合でも、査定時において5年を経過している場合は、商標登録を受けることができる。

⇨再登録の期間制限を受けるのは、原商標権者のみである。

学習日	月 日	月 日	月 日	月 日
正答数	／5	／5	／5	／5

出た過去問！出る予想問！ 目標**4**分で答えよう

❑ 商標権者の不正使用による商標登録の取消しの審判（第51条第1項）の請求は、請求人が利害関係人でないときは、審決をもって却下される。[H22-46 改]　　☞(1)答×

❑ 商標権者が指定商品について登録商標の使用により、他人の業務に係る商品と混同を生じさせたことについて故意があったとしても、商標権者の誤認・混同行為による取消審判（商標法第51条）により当該商標登録が取り消されることはない。[H14-9]　　☞(2)答○

❑ 商標権者が故意に指定商品についての登録商標に類似する商標の使用であって他人の業務に係る役務と混同を生ずるものをしたときは、何人も、商標法第51条第1項に規定する商標登録の取消しの審判を請求することができるが、当該商標の使用の事実がなくなった日から5年を経過した後は、その審判の請求をすることはできない。[H18-31]　　☞(3)答○

❑ 商標権者が故意に、指定商品の一部についての登録商標に類似する商標の使用であって、他人の業務に係る商品と混同を生ずるものをしたときは、当該商標登録は、商標権者の誤認・混同行為による商標登録の取消しの審判（商標法第51条）によりそのすべての指定商品について取り消される。[H19-55]　　☞(4)答○

❑ 商標法51条1項の審判で請求認容審決が確定後、5年経過前に、原商標権者が取り消された商標と同一の商標を出願した場合、登録になる場合がある。[予想問]　　☞(5)答○

6章 商標権者の不正使用取消審判

・193・

1 使用権者の不正使用取消審判の要件(53条)

(1)使用権者の不正使用取消審判は、何人も請求できる。

⇨利害関係人である必要はない。

(2)使用権者の不正使用取消審判を請求できるのは、使用権者が専用権(同一)・禁止権(類似)の範囲を使用し、品質の誤認・出所の混同を生じさせた場合である。

⇨商標権者による不正使用と異なり、専用権の範囲を使用した場合でも、本審判が請求される場合がある。

⇨商標権者による不正使用と異なり、故意の要件は不要。

(3)不正使用の事実がなくなった日から5年を経過した場合には、本審判の請求はできない。

(4)商標権者が不正使用の事実を知らなかった場合において、相当の注意を尽くしていたときは、本審判によって取り消されない。

2 請求認容審決確定の効果

(5)指定商品等の単位では請求ができず、商標登録全体に対し請求をすることとなり、商標登録全体が取消しとなる。

(6)使用権者の不正使用取消審判の請求認容審決確定後に、商標権は消滅する(54条1項)。

(7)使用権者の不正使用取消審判の請求認容審決が確定した場合、原商標権者・不正使用をした原専用使用権者・原通常使用権者は、取消審決確定日から5年を経過した後でなければ、同一・類似の商標登録ができない(53条2項)。

出た過去問！
出る予想問！ 目標 **4** 分で答えよう

❏ 使用権者の不正使用による商標登録の取消審判（商標法第53条）の請求は、請求人が利害関係を有しないことをもって却下される場合はない。[H5-38]　　　　☞(1)答○

❏ 専用使用権者又は通常使用権者が登録商標の使用であって商品の品質の誤認を生ずるものをしたときであっても、指定商品についての登録商標の使用をしている限り、当該商標登録は、商標法第53条第1項の審判によって取り消される場合はない。[H4-2]　　　　☞(2)答×

❏ 専用使用権者が指定商品についての登録商標に類似する商標の使用であって商品の品質の誤認又は他人の業務に係る商品と混同を生ずるものをしたときであっても、当該商標権者がその事実を知らなかったならば、如何なる場合にも、いわゆる不正使用による取消しの審判によって、当該商標権が取り消されることはない。[S58-35]　　　　☞(4)答×

❏ 使用権者の不正使用による商標登録の取消しの審判（商標法第53条第1項）により商標登録を取り消すべき旨の審決が確定したときは、当該商標権は、その審判の請求の登録の日に消滅したものとみなされる。[H17-25]　　　　☞(6)答×

❏ 商標権者が通常使用権の許諾を甲と乙に対して行ったところ、甲の不正使用により、当該商標権が取り消された場合、原通常使用権者乙は、審決確定後5年間の再登録禁止の制限は受けない。[予想問]　　　　☞(7)答○

12 代理人等による 不当登録取消審判

1 代理人等による不当登録取消審判 (53条の2、53条の3)

(1)代理人等による不当登録の取消審判請求ができるのは、パリ条約同盟国・世界貿易機関加盟国・商標法条約締約国において商標権に相当する権利を有する者の日本における代理人等が、本国商標権者の承諾なく、かつ正当な理由がないのに、出願し、商標登録を受けたものである場合である。

⇨上記「代理人等」には、出願する1年前まで代理人であった者も含まれる。それ以前に代理人であった者に対しては、上記の取消審判請求ができない。

(2)代理人等による不当登録の取消審判請求ができるのは、本国商標権者のみである。

⇨利害関係人でも、本審判の請求はできない。

(3)代理人等による不当登録の取消審判は、商標権の設定登録日から5年経過した場合には、請求できない。

2 請求認容審決確定の効果

(4)代理人等による不当登録の取消審判では、請求認容審決確定後に、商標権は消滅する (54条1項)。

⇨商標権消滅後は、本審判を請求できない。

(5)代理人等による不当登録の取消審判は、防護標章登録に基づく権利に対しても、請求できる (68条4項)。

⇨その他の取消審判 (50条等) は、防護標章登録に基づく権利に対しては請求できないことと比較せよ (68条4項参照)。

出た過去問！ 出る予想問！ 目標 **4** 分で答えよう

❑ 登録商標が、パリ条約の同盟国において商標に相当する権利を有する甲の当該権利に係る商標に類似するものであって、当該権利に係る商品と同一の商品を指定商品とし、かつ、当該商標登録出願が正当な理由がないのに甲の承諾を得ないで、甲の製造、販売にかかる商品の日本国における総代理店であった者によりなされたものであるときであっても、甲は、その商標登録を取り消すことについて審判請求することができない場合がある。[H9-6]　　☞(1)🗒○

❑ 商標法第53条の2の審判（代理人等の不正登録による商標登録の取消しの審判）は、<u>利害関係人のみならず何人も請求することができる。</u>[H23-25]　　☞(2)🗒×

❑ 代理人等による不正登録に係る商標登録の取消の審判（商標法第53条の2）はたとえ利害関係人といえども、請求することができない。[予想問]　　☞(2)🗒○

❑ 代理人等の不当登録取消審判は、<u>設定登録日から3年経過</u>した場合には請求ができない。[予想問]　　☞(3)🗒×

❑ 商標法第52条の2第1項の審判（商標権移転による不正使用の商標登録の取消しの審判）及び同法第53条の2の審判（代理人等の不正登録による商標登録の取消しの審判）は、商標権の消滅後には、請求することができない。[H25-3]　　☞(4)🗒○

❑ 防護標章登録に基づく権利に対しては、代理人等の不当登録取消審判を含めた<u>全て</u>の取消審判が請求できない。[予想問]　　☞(5)🗒×

6章

代理人等による不当登録取消審判

13 その他：審判に関する手続

1 無効審判の請求書の要旨変更補正

(1)無効審判については、要旨変更となる審判請求書の補正は、一切認められない(56条1項参照)。

⇨特許法の無効審判の請求書の補正(特131条の2)と異なる。

(2)無効審判以外の審判(50条等)における審判請求書の請求の理由については、要旨変更に該当する補正が許される(56条1項)。

2 不使用取消審判と取下げ

(3)不使用取消審判では、請求した指定商品の一部について、取下げをすることができない(56条2項反対解釈)。

(4)不使用取消審判が請求された指定商品等の一部について使用証明を出した場合は、全ての商品等が取消しを免れる。

⇨この場合、使用証明の提出をしなかった指定商品等に対して、再度、不使用取消審判の請求ができる。

3 特許法の準用等

(5)商標登録出願により生じた権利の共有者が、共有に係る権利について審判を請求するときは、共有者全員が共同してしなければならない(準特132条3項)。

(6)補正却下決定不服審判において決定を取り消すべき旨の審決があった場合における判断は、その事件について、審査官を拘束する(準意51条)。

学習日	月　日	月　日	月　日	月　日
正答数	／5	／5	／5	／5

出た過去問！
出る予想問！　**目標 4 分で答えよう**

❏ 商標登録の無効の審判においては、その審判の請求書に記載した請求の理由について、その要旨を変更する補正が認められる場合はない。[H16-31] ☞(1)㊎○

❏ 商標法第51条第1項の審判において、「商標権者が故意に指定商品についての登録商標に類似する商標の使用であって商品の品質の誤認を生ずるものをした」とする請求の理由を、その後、「商標権者が故意に指定商品についての登録商標に類似する商標の使用であって他人の業務に係る商品と混同を生ずるものをした」とする請求の理由に変更する請求書の補正は、その要旨を変更するものとして許されない。[H14-45 改] ☞(2)㊎×

❏ 2以上の指定商品に係る商標登録に対して、それらの指定商品について不使用による商標登録の取消しの審判（商標法第50条第1項）の請求をしたとき、請求人は、指定商品ごとにその請求を取り下げることができる。[H22-7] ☞(3)㊎×

❏ 不使用による商標登録の取消しの審判（商標法第50条）において、請求に係る指定商品の1つの商品について使用が証明された結果、審判の請求が不成立となった場合であっても、使用が証明されなかったその他の指定商品については、新たな不使用による商標登録の取消しの審判を請求することができる。[H20-47] ☞(4)㊎○

❏ 商標登録出願により生じた権利が共有に係る場合であって、共同出願人の1人がした補正が却下されたとき、その補正の却下の決定に対する審判は、その者のみで請求することができる。[H21-53] ☞(5)㊎×

6章
その他‥審判に関する手続

14 再審・審決等取消訴訟

必ず出る！基礎知識 目標 6 分で覚えよう

1 再審請求の対象

(1)確定取消決定・確定審決に対しては、再審を請求することができる (57条1項)。

2 再審請求ができる者

(2)再審を請求できるのは、当事者・参加人・詐害審決の第三者である (57条1項、58条1項)。

3 再審により回復した商標権の効力の制限 (59条)

(3)再審により回復した商標権は、次の行為には、その効力が及ばない。

① 取消決定・審決確定後から再審請求の登録前に、当該指定商品・指定役務についての登録商標を善意で使用した行為。

② 取消決定・審決確定後から再審請求の登録前に、善意でしたみなし侵害行為 (37条各号)。

⇨ 善意で使用した行為には効力が及ばないが、その行為による結果物に対しては、商標権の効力が及ぶ。

4 審決等取消訴訟

(4)審決等取消訴訟の原告となるのは、当事者・参加人・参加を拒否された者である (63条2項)。

⇨ 被告となるのは、原則として特許庁長官である。しかし、当事者系審判 (無効審判・取消審判) の審決に対しては、その審判の請求人又は被請求人が被告となる。

⇨ 無効審判の請求書の却下決定では、特許庁長官が被告となる。審決ではないからである。

学習日	月 日	月 日	月 日	月 日
正答数	／6	／6	／6	／6

出た過去問！
出る予想問！ **目標4分で答えよう**

❏ 商標登録を取り消すべき旨の決定が確定した場合、その決定に対しては、当事者又は参加人は、再審を請求することができる。[H25-21] ☞(1)🈞○

❏ 商標登録無効審判の請求認容審決の確定審決に対する再審請求ができるのは、<u>当事者又は参加人だけである</u>。[予想問] ☞(2)🈞×

❏ 商標登録を無効にすべき旨の審決が確定した後に再審により当該商標権が回復した場合、その商標権の効力は、<u>再審の請求の登録後再審により商標権が回復するまでに、商標権についての正当な権原を有しない者が善意で当該登録商標を当該指定商品に使用する行為</u>には及ばない。[H26-30] ☞(3)🈞×

❏ 登録異議の申立てに係る商標登録を取り消すべき旨の決定に対して商標権者が行うその取消しを求める訴えにおいては、<u>登録異議申立人を被告</u>としなければならない。[H23-36] ☞(4)🈞×

❏ 商標登録の取消しの審判の審決に対しての訴えは、東京高等裁判所の専属管轄とし、<u>特許庁長官を被告</u>としなければならない。[R1- 商標 9] ☞(4)🈞×

❏ 無効審判の請求書が審判長の決定によって却下された場合には審決等取消訴訟で争うことができるが、その場合の被告は、審判長ではなく、特許庁長官である。[予想問] ☞(4)🈞○

6章

再審・審決等取消訴訟

第7章

その他の商標

1　**防護標章登録を受けることできる者**(64条1項・2項)

(1)防護標章登録を受けることができる者は、商標権者のみである。

2　**防護標章の登録要件**(64条1項・2項)

(2)防護標章登録を受けるためには、商標権者の業務に係る指定商品等を表示するものとして需要者の間に広く認識されていることが必要である。

⇨使用権者の使用により著名性を具備した場合であっても、使用権者は、防護標章登録を受けることができない。

⇨地域団体商標の場合は、「『自己又はその構成員』の業務に係る商標として広く認識されている」と読み替える。

⇨周知度は、著名レベルであることが必要である。

(3)第三者が非類似商品等について使用することにより、出所の混同を生じるおそれがある場合でなければ、防護標章登録を受けることはできない。

(4)登録商標と防護標章登録出願に係る標章とが同一でなければ、防護標章登録を受けることができない。

⇨登録商標と類似する標章について、防護標章登録を受けることはできない。

(5)防護標章は、使用を前提としないので、3条(商標登録の要件)・4条(商標登録を受けることができない商標)等の要件を満たす必要はない。

(6)他人の登録防護標章との間での先後願関係は、問題とはならない。

eeeeeeeeeeeeeeeeeeeeeeeee eeeeeeeeee

学習日	月　日	月　日	月　日	月　日
正答数	／5	／5	／5	／5

出た過去問！
出る予想問！ **目標4分で答えよう**

❑ 専用使用権者甲が指定商品aについて登録商標イの使用を
した結果、イが需要者の間に広く認識されるに至った場合、
aに類似しない商品bについて他人がイの使用をすること
によりbとaが混同を生ずるおそれがあるときであって
も、甲はそのおそれがあるbについて、イと同一の標章に
ついての防護標章登録を受けることができない。[H11-47]
☞(1)(2)答○

❑ 地域団体商標に係る商標権については、登録商標が商標権
者の構成員の業務に係る指定商品又は指定役務を表示する
ものとして需要者の間に広く認識されている場合に限り、
防護標章登録を受けることができる。[H26-10]　☞(2)答×

❑ 商品Xを指定商品とする登録商標Aを所有する商標権者は、
Aを原登録商標としてXに類似する指定商品Yについて防
護標章登録を受けることができない。[S57-50]　☞(3)答○

❑ 防護標章登録出願に係る標章が、その出願に係る指定商品
の普通名称を普通に用いられる方法で表示するもののみか
らなるとき、その出願は、そのことを理由として、拒絶さ
れる場合がある。[H10-36]　☞(5)答×

❑ 防護標章登録出願Aに係る標章が、その出願日前の防護標
章登録出願Bに係る他人の登録防護標章に類似する標章で
あって、AとBとが同一の商品を指定商品とするものであ
るときでも、Aはそのことを理由として拒絶されることは
ない。[H7-22]　☞(6)答○

7章

防護標章の登録要件

1 防護標章登録出願

(1)出願の願書に防護標章登録出願に係る商標登録の登録番号の記載がない場合は、補完命令の対象になる（68条1項）。

2 防護標章への出願変更

(2)商標登録出願（通常商標・団体商標・地域団体商標とも）は、査定又は審決が確定するまでの間、防護標章登録出願に出願変更をすることができる（65条2項等）。

⇨再審係属中の変更はできない。

3 防護標章登録に基づく権利の存続期間（65条の2）

(3)防護標章登録に基づく権利の存続期間は、防護標章登録に基づく権利の設定登録の日から10年をもって終了する。

⇨商標権の設定登録の日からではない。

(4)防護標章登録に基づく権利の存続期間は、更新登録の出願により更新することができる。

⇨更新登録の出願であって、更新の申請（商標権）ではない。

4 防護標章登録に基づく権利の存続期間の更新（65条の3第1項）

(5)防護標章登録に基づく権利の存続期間の更新登録の出願の際の願書には、次の事柄を記載する。

①出願人の氏名又は名称、及び住所又は居所。

②防護標章登録の登録番号。

③経済産業省令で定める事項（区分を減縮する場合の更新を求める区分）。

⇨指定商品等・商標の記載は不要。

学習日	月 日	月 日	月 日	月 日
正答数	／6	／6	／6	／6

出た過去問！
出る予想問！ 目標 **4** 分で答えよう

❏ 特許庁長官は、防護標章登録出願の願書に防護標章登録出願に係る商標登録の登録番号の記載がない場合、その防護標章登録出願の出願人に対し、相当の期間を指定して、防護標章登録出願について補完すべきことを命じなければならない。[H28- 商標 8]　　　　　　　　　　☞(1)答○

❏ 商標登録出願人は、当該商標登録出願が審査、審判又は再審に係属している場合には、いずれの場合にもその出願を防護標章登録出願に変更することができる。[H11-35]
　　　　　　　　　　　　　　　　　　　　　　☞(2)答×

❏ 団体商標の商標登録出願人は、その団体商標の商標登録出願が審査又は再審に係属している場合には、いずれの場合にも当該団体商標の商標登録出願を防護標章登録出願に変更することができる。[H9-24]　　　　　　☞(2)答×

❏ 防護標章登録に基づく権利の存続期間は、当該商標権の設定登録の日から 10 年で満了する。[H1-14]　　　☞(3)答×

❏ 防護標章登録に基づく権利は、更新の申請により、更に 10 年間存続期間の更新がなされる。[予想問]　　☞(4)答×

❏ 防護標章登録に基づく権利の存続期間の更新登録の出願の願書には、指定商品又は指定役務並びに商標法第 6 条第 2 項の政令で定める商品及び役務の区分を記載しなければならない。[H5-7]　　　　　　　　　☞(5)答×

7章

出願・存続期間・更新等(1)

3 出願・存続期間・更新等(2)

1 更新登録出願の時期及び期間 (65条の3第2項・3項)

(1)更新登録出願は、原則として、防護標章登録出願に基づく権利の存続期間の満了前6月から満了日までの間にしなければならない。

⇨但し、上記期間内に更新登録出願ができなかったことについて正当な理由があれば、存続期間の満了後、経済産業省令で定める期間 (最長6月) に、更新登録出願ができる。

⇨商標権の更新申請は「正当な理由」が必要ないことと比較せよ (20条3項参照)。

2 更新登録出願の効果 (65条の3第4項)

(2)更新登録出願があったときは、原則として、存続期間満了の時に更新がされたものとみなされる。

(3)正当な理由により存続期間満了後の経済産業省令で定める期間に更新登録出願があったときは (65条の3第3項)、更新登録出願の時に更新されたものとみなされる (65条の3第4項本文かっこ書)。

⇨存続期間満了時点ではないことに注意せよ。

3 更新登録出願の審査 (65条の4第1項)

(4)更新登録出願が拒絶されるのは、次の場合である。

　①登録防護標章が64条の要件を欠くことにより防護標章登録を受けることができるものでなくなったとき。

　②出願者が当該防護標章登録に基づく権利を有する者でないとき。

⇨更新登録出願では、3条 (商標登録の要件)・4条 (商標登録を受けることができない商標) との関係は見ない。

学習日	月　日	月　日	月　日	月　日
正答数	／5	／5	／5	／5

出た過去問！ 出る予想問！ 目標4分で答えよう

❑ 防護標章登録に基づく権利の存続期間の更新登録の出願をしようとする者が、当該権利の存続期間の満了前6月から満了の日までの間にその出願をすることができなかったときは、その期間の経過後6月以内にその出願をすることができる場合がある。[H10-36] ☞(1)答○

❑ 防護標章登録に基づく権利の存続期間の更新登録の出願をしようとする者が、当該権利の存続期間の満了前6月から満了の日までの間にその出願をすることができなかったときは、<u>その期間の経過後経済産業省令で定める期間内であれば、常にその出願をすることができる。</u>[予想問] ☞(1)答×

❑ 防護標章登録に基づく権利の存続期間の更新登録の出願は、防護標章登録に基づく権利の存続期間の満了前6月から満了の日までの間にしなければならないが、当該出願がその期間内にできなかったことについて正当な理由があるときは、経済産業省令で定める期間内に限り、当該出願をすることができる。[H28-商標3] ☞(1)答○

❑ 防護標章登録に基づく権利の存続期間の更新登録の出願があったときは、<u>常にその満了の時に更新されたものとみなされる。</u>[H28-商標7] ☞(3)答×

❑ 防護標章登録に基づく権利の存続期間の更新登録の出願に<u>係る標章がその登録後に独立した外国の国旗と類似のものであるとき、その更新登録出願は、そのことを理由として拒絶される。</u>[H12-48] ☞(4)答×

4 登録料／権利の性質

必ず出る！基礎知識 目標 6 分で覚えよう

1 更新・設定登録料の納付方法・期限 (65条の8第1項・2項)

(1)防護標章登録に基づく権利の更新・設定登録料については、<u>分割納付</u>の制度は採用されておらず、<u>一括納付</u>のみである。

(2)防護標章登録に基づく権利の設定登録料は、防護標章登録をすべき旨の査定・審決謄本の送達日から<u>30</u>日以内（追完・延長等あり）に納付する。

(3)更新登録料の納付は、更新登録をすべき旨の査定謄本の送達日から<u>30</u>日以内に納付する。

⇨但し、更新登録査定の謄本の送達が満了前にされた場合には、<u>満了日</u>から<u>30</u>日以内に納付すればよい。

2 防護標章登録に基づく権利の性質 (66条1項〜3項)

(4)防護標章登録に基づく権利は、当該商標権を<u>分割</u>したときは、<u>消滅</u>する。

(5)防護標章登録に基づく権利は、当該商標権を<u>移転</u>したときは、その商標権に従って移転し、当該商標権が<u>消滅</u>したときは、<u>消滅</u>する。

⇨当該商標権の移転によっては消滅しない。

⇨防護標章登録に基づく権利だけの移転はできない。

(6)防護標章登録に基づく権利に基づき、<u>使用権</u>の設定・許諾、質権の設定をすることはできない。

⇨商標権と分属することは認められないからである。

(7)防護標章登録に基づく権利は、当該商標権が消滅した後に<u>回復</u>した場合は、<u>回復</u>する。

学習日	月　日	月　日	月　日	月　日
正答数	／9	／9	／9	／9

○ 出た過去問！ 出る予想問！ 目標 **4** 分で答えよう ○

❏ 防護標章登録に基づく権利の設定登録を受ける者は、登録料を分割して納付することができる。[H9-24]　☞(1)答×

❏ 防護標章登録に基づく権利の設定の登録及び防護標章登録に基づく権利の存続期間を更新した旨の登録を受ける者は、登録料を分割して納付することはできない。[H26-10]　☞(1)答○

❏ 防護標章登録に基づく権利の更新登録料は、更新登録査定謄本の送達の日から30日を超えて納付できる場合がある。[予想問]　☞(3)答○

❏ 防護標章登録に基づく権利を伴っている商標権を分割した場合は、分割した商標権を移転しない場合でも、防護標章登録に基づく権利は消滅する。[H26-10]　☞(4)答○

❏ 防護標章登録に基づく権利だけを移転することはできる。[S60-39]　☞(5)答×

❏ 防護標章登録に基づく権利は、当該商標権を移転したときは、消滅する。[H15-9]　☞(5)答×

❏ 防護標章登録に基づく権利は、当該商標権が登録を取り消すべき旨の審決の確定により消滅しても、消滅するとは限らない。[S60-14]　☞(5)答×

❏ 商標権者は、防護標章登録に基づく権利について、他人に通常使用権を許諾することができる。[H3-32]　☞(6)答×

❏ 防護標章登録に基づく権利を目的とする質権は設定することができない。[S63-14]　☞(6)答○

7章　登録料／権利の性質

1 無効審判との関係

(1)防護標章登録に基づく権利が、過誤登録（64条違反）であった場合、除斥期間の適用はなく、いつでも無効審判請求をすることができる。

(2)無効審判は、防護標章登録に基づく権利が消滅した後でも、請求することができる。

2 取消審判との関係

(3)防護標章登録に基づく権利は、不使用取消審判の請求を受けることはない。

⇨防護標章は、使用を前提としないからである。

(4)防護標章登録に基づく権利は、不正使用取消審判の請求を受けることはない（51条、52条の2、53条）。

⇨防護標章は、使用を前提としないからである。

(5)防護標章登録に基づく権利は、代理人の不当登録取消審判請求（53条の2）を受けることがある。

⇨ 53条の2、53条の3が準用されている（68条4項）。

3 侵害とみなす行為

(6)登録防護標章と同一の指定商品又は指定役務について登録防護標章を使用した場合、商標権の侵害とみなされる（67条1号）。

⇨防護標章登録に基づく権利の侵害とみなされるのではない。

(7)登録防護標章に類似する標章を使用しても、商標権の侵害とはみなされない。

学習日	月　日	月　日	月　日	月　日
正答数	／6	／6	／6	／6

出た過去問！ 出る予想問！ 目標 4 分で答えよう

❏ 防護標章登録が商標法第64条（防護標章登録の要件）の規定に違反してされたとき、その登録を無効にすることについての審判は、その防護標章登録に基づく権利の設定の登録の日から5年を経過した後も請求することができる。[H12-48]
☞(1)答○

❏ 防護標章登録が商標法第64条（防護標章の登録の要件）に違反してされたとき、その登録を無効にすることについての審判は、その防護標章登録に基づく権利の消滅後においても請求することができる。[H8-26]
☞(2)答○

❏ 防護標章登録に基づく権利に対しては、不使用取消審判(50条)の請求をすることができない。[予想問]
☞(3)答○

❏ 防護標章登録に基づく権利を有する者が故意に指定商品についての登録防護標章の使用であって商品の品質の誤認又は他人の業務に係る商品と混同を生ずるものをしたときは、何人も、その防護標章登録を取り消すことについて審判を請求することができる。[S63-14]
☞(4)答×

❏ 指定商品についての登録防護標章の使用は、防護標章に基づく権利を侵害するものとみなされる。[H1-14]
☞(6)答×

❏ 他人の防護標章登録に係る指定商品に当該登録防護標章と類似する標章（ただし、商標法第70条第2項により同一と認められることがないもの。）が付されたものを譲渡する行為は、当該商標権を侵害するものとみなされることはない。[H18-40]
☞(7)答○

7章

無効審判・取消審判・みなし侵害

1 特許庁長官を本国官庁とした出願（内国出願→外国出願）

(1)国際登録出願は、日本国に基礎出願・基礎登録がなければならない。

▷基礎出願等は、防護標章でもよい (68条の2参照)。

(2)国際登録出願は、日本人の場合は日本に在住している必要はないが、外国人の場合には日本国内に住所又は居所（法人なら営業所）を有していなければならない。

(3)国際登録出願は、共有の場合は、共有者全員が出願人適格を有していなければならない。

(4)国際登録出願は、英語で、特許庁長官に対してしなければならない。

(5)特許庁長官を本国官庁として国際登録出願をする場合は、日本国を指定することはできない。

2 国際登録出願をする場合の区分

(6)特許庁長官を本国官庁とする国際登録出願は、ニース協定の国際分類を採用しなければならない。

▷マドプロ上は、ニース協定の国際分類を使用するか否かは努力目標とされている。

3 事後指定

(7)国際登録の名義人は、経済産業省令で定めるところにより、議定書第3条の3に規定する領域指定であって国際登録後のもの（事後指定）を特許庁長官にすることができる (68条の4)。

▷事後指定を特許庁長官にするか否かは、裁量である。

学習日	月 日	月 日	月 日	月 日
正答数	／5	／5	／5	／5

出た過去問！
出る予想問！ 目標**4**分で答えよう

❏ 日本国民は、特許庁に係属している<u>自己の防護標章登録出願又は自己の防護標章登録</u>を基礎としては、特許庁長官に<u>国際登録出願をすることができない。</u>[H17-9]　　☞(1)**答**✕

❏ <u>日本国民であっても、日本国内に住所又は居所（法人にあっては、営業所）を有しなければ、国際登録出願をすることはできない。</u>[H26-11]　　☞(2)**答**✕

❏ 日本国において、共同名義に係る商標登録出願又は商標登録がなされていて、その名義人の1人が日本人である場合には、<u>他の名義人が日本国内に住所及び居所（法人にあっては、営業所）を有しない外国人であっても、特許庁長官に当該商標登録出願または商標登録を基礎として、その共同名義で国際登録出願をすることができる。</u>[H20-37]

☞(3)**答**✕

❏ 日本国民又は日本国内に住所を有する外国人が、<u>日本国特許庁に係属している自己の商標登録出願を基礎出願として</u>国際登録出願をする場合、当該出願に係る商標の保護を求める議定書の締約国として、<u>日本国を選ぶことができる。</u>[H19-46]　　☞(5)**答**✕

❏ 国際登録出願に係る商標の保護を求める商品及び役務の区分に関して、ニース協定による国際分類前の分類（旧商品分類）に基づく商標登録を基礎登録とする場合には、その分類に対応する商標法第6条第2項の政令で定める商品及び役務の区分（現行国際分類）を願書に記載することが必要である。[H15-36]　　☞(6)**答**○

7章

国際登録出願(1)

必ず出る！基礎知識 目標 6 分で覚えよう

1 国際登録出願における特許庁長官の手続(68条の3)

(1)特許庁長官は、国際登録出願の願書及び必要な書面を<u>国際事務局</u>に送付しなければならない。

⇨特許庁長官には<u>審査権限</u>がないため、<u>不備</u>があるか否かにかかわらず、国際事務局に送付され得る。

(2)特許庁長官は、<u>受理した日</u>、及び、願書の記載事項と<u>基礎出願</u>の記載事項が<u>同一</u>である旨を願書に記載しなければならない。

⇨出願が郵送による場合、発送の日ではなく、<u>特許庁に到達した日</u>を記載する（到達主義）。

2 国際登録の存続期間の更新の申請(68条の5)

(3)国際登録の名義人は、国際登録の<u>更新の申請</u>を、①<u>国際事務局</u>に対して<u>直接</u>行うこともできるし、②<u>特許庁長官</u>を通じて行うこともできる。

3 国際登録の名義人の変更の記録の請求(68条の6、68条の7)

(4)国際登録の名義人又はその譲受人は、特許庁長官に対して、<u>名義人の変更の記録</u>を請求できる。

⇨名義人の変更の記録の請求は、<u>締約国</u>ごとに、また<u>指定商品等</u>ごとにすることができる。

⇨譲受人は、マドリッド協定議定書上の<u>権利能力</u>を有する者でなければならない。

(5)国際登録出願において特許庁長官が補正を命じることができるのは、<u>手数料の納付</u>の不備の場合だけである。

⇨特許庁長官は、<u>制限能力者</u>や<u>方式違反</u>を理由として補正を命じることが<u>できない</u>。

学習日	月　日	月　日	月　日	月　日
正答数	／5	／5	／5	／5

○ 出た過去問！ 出る予想問！ **目標4分で答えよう** ○

❏ 特許庁長官は実体審査の権限はないが、<u>方式に不備がある</u>場合には、補正を命じ、その内容が治癒しない場合には、国際登録出願の願書及び必要な書面を国際事務局に送付し<u>ない</u>。［予想問］　　　　　　　　　　　☞(1)答×

❏ 特許庁長官は、国際登録出願の願書及び必要な書面を国際事務局に送付する際に、その出願の受理の日を願書に記載するが、その日は、出願が郵便によるものであっても、本国官庁である日本国特許庁が実際に受領した日である。［H15-36］　　　　　　　　　　　　　　　　　☞(2)答○

❏ 国際登録の名義人は、国際登録の存続期間の更新をする場合、国際登録の存続期間の更新の申請を<u>特許庁長官にしなければならない</u>。［H26-11］　　　　　　　☞(3)答×

❏ 国際登録の名義人又は譲受人は、経済産業省令で定めるところにより、国際登録において指定された商品若しくは役務ごと又は国際登録が効力を有する締約国ごとに国際登録の名義人の変更の記録の請求を特許庁長官にすることができるが、複数の者が新たな名義人となるためには、全ての者が国際登録出願をする資格を有することが必要である。［H24-22］　　　　　　　　　　　　　　　　☞(4)答○

❏ 特許庁長官は、国際登録出願、事後指定、国際登録の存続期間の更新の申請及び国際登録の名義人の変更の記録の請求に係る書類等（願書を含む。）の記載事項に明白な不備がある場合であっても、その記載事項に係る手続の補正を命じることができない。［H18-45］　　　　　　☞(5)答○

7章

国際登録出願(2)

8 国際商標登録出願(1)

1 国際商標登録出願の出願日（外国出願→内国出願：68条の9）

(1)国際商標登録出願の出願日は、原則として、国際登録の
日である。但し、日本が事後指定された場合は、その日（国
際登録簿に事後指定の記録がなされた日）となる。

2 代替の要件・効果 (68条の10)

(2)国際登録による国内登録の代替が可能となるのは、次の
要件を満たす場合である。

① 国際登録に基づく登録商標が、その登録前の国内登録
に基づく登録商標と同一であること。

② 指定商品等が一部でも重複していること。

③ 商標権者が同一であること。

⇨ 当該国際登録に基づく登録商標の指定商品等が重複した
範囲については、先願の国内登録商標の商標登録出願日
に出願されたものとみなされる。

⇨ 国内登録の全ての商品等が国際登録に基づく商品等に包
含されている必要はない。

⇨ 国内登録と国際登録は併存する。

⇨ 国内登録が優先権を伴う場合、国際登録の重複した部分
は、優先権の利益を享受する。優先権主張を再度行う必
要はない。

3 国際商標登録出願において適用されない制度

(3)次の規定は、国際商標登録出願制度では適用されない。

① 出願分割　② 出願変更　③ 補正後の新出願の制度

④ パリ条約の優先権主張の手続規定

⑤ 存続期間の更新の申請　⑥ 商標権の分割　等

学習日	月 日	月 日	月 日	月 日
正答数	／4	／4	／4	／4

● 出た過去問！ 出る予想問！ **目標4分で答えよう** ●

❏ 日本国を指定する領域指定は商標登録出願とみなされ、その領域指定には事後指定も含まれるが、事後指定の場合の商標登録出願の日は、国際登録簿に事後指定の記録がなされた日である。[H21-5]　　　　　　　　　　☞(1)答○

❏ 国際登録による国内登録の代替において、当該国際登録に基づく登録商標に係る出願の日が、代替される国内登録に係る出願の日とみなされるのは、国際登録に基づく登録商標が国内登録に基づく登録商標と同一であり、かつ、両登録商標の商標権者が同一であり、代替される国内登録が当該国際登録前になされており、国内登録に基づく登録商標に係る指定商品又は指定役務のすべてが国際登録に基づく登録商標に係る指定商品又は指定役務に含まれている場合に限られる。[H19-46]　　　　　　　　　☞(2)答×

❏ 商標法第68条の10第1項に規定するいわゆる国際登録による国内登録の代替において、国内登録が商標法第9条の3に規定するパリ条約第4条の規定の例による優先権主張を伴う商標登録出願に係るものであるときは、代替した国際登録に係る国際商標登録出願についても、優先権主張手続を再度行うことなく優先権が認められる。[H18-45]
　　　　　　　　　　　　　　　　　　　　　　☞(2)答○

❏ 国際商標登録出願について、通常の商標登録出願から団体商標の商標登録出願への出願の変更は、拒絶をすべき旨の査定の謄本の送達を受けた後、拒絶査定に対する審判を請求する前までに行うことができる。[H26-37]　　☞(3)②答×

9 国際商標登録出願⑵

1 国際商標登録出願に基づく権利の移転 (68条16第1項)

(1)国際商標登録出願により生じた権利は、一般承継の場合でも、国際事務局にその旨の届け出がなければ、移転の効力が生じない。

2 国際商標登録出願についての設定登録 (68条の19)

(2)国際商標登録出願についての商標権の設定登録がなされるのは、国際事務局から個別手数料の納付があった旨の通報があった時である。

3 基礎とした国際登録の消滅 (68条の20)

(3)国際商標登録出願は、基礎とした国際登録の全部又は一部が消滅した場合には、その範囲で取り下げたものとみなされる。

⇨国際登録が国際登録簿から消滅した日に取り下げたものとみなされる。

4 国際登録に基づく商標権の移転

(4)国際登録に基づく団体商標に係る商標権は、団体商標に係る商標権としてのみ、移転できる (68条の24)。

(5)国際登録に基づく商標権の移転は、一般承継の場合も、登録をしなければ効力が生じない (68条の26)。

(6)国際登録に基づく商標権を放棄する場合、使用権者等の承諾は不要である (特97条不準用)。

(7)国際登録に基づく商標権の設定登録では、個別手数料を2段階で国際事務局に納付する。第2の個別手数料（登録料相当分）が支払われなかった場合は、当該出願は取り下げられたものとみなされる (68条の30第4項)。

学習日	月　日	月　日	月　日	月　日
正答数	／6	／6	／6	／6

◉ 出た過去問！ 出る予想問！ **目標 4 分で答えよう** ◉

❑ 国際商標登録出願後における商標登録出願により生じた権利の承継は、相続その他の一般承継及び譲渡による特定承継のいずれの場合にも、国際事務局に届け出なければ、その効力を生じない。[H28- 商標 10]　　　☞(1)答○

❑ 国際商標登録出願に係る国際登録に基づく商標権は、個別手数料の納付があったことを国際登録簿に記録した旨の通報が国際事務局からあったときに、商標原簿への設定の登録により発生する。[H28- 商標 10]　　　　　☞(2)答○

❑ 国際商標登録出願は、その基礎とした国際登録が全部又は一部について消滅したときは、その消滅した範囲で指定商品又は指定役務の全部又は一部について消滅したものとみなされる。[H26-54]　　　　　　　　　　　☞(3)答×

❑ 国際登録に基づく商標権が相続により移転した場合は、登録をしなくてもその効力は生じる。[H26-54]　　☞(5)答×

❑ 国際登録に基づく商標権者は、専用使用権者、質権者又は通常使用権者があるときは、これらの者の承諾を得た場合に限り、その商標権を放棄することができる。[H22-19]
　　　　　　　　　　　　　　　　　　　　　☞(6)答×

❑ 国際商標登録出願について、その基礎とした国際登録が、議定書第 8 条(7)(a)に規定する個別手数料の納付がないために取り消されたときは、特許庁長官は当該国際商標登録出願を却下することができる。[H27-38]　　☞(7)答×

7章

国際商標登録出願(2)

必ず出る！
基礎知識　**目標 6 分で覚えよう**

1 国際登録に基づく商標権の存続期間(68条の21)

(1)国際登録に基づく商標権の存続期間は、<u>国際登録</u>の日から <u>10</u> 年である。

⇨ただし、その商標権の設定登録前に国際登録の存続期間の更新がされているときは、<u>直近の更新</u>の日から 10 年である。

⇨事後指定された場合であっても、事後指定の日から 10 年ではなく、国際登録の日又は直近更新の日から 10 年である点に注意すること。

2 国際登録に基づく商標権の商標原簿への登録の特例

(2)①<u>商標権の設定</u>、②<u>信託による変更</u>、③<u>処分の制限</u>のみ、我が国の商標原簿に登録される (68条の27)。

⇨その他の事項(商標権の<u>存続期間の更新</u>、商標権の<u>移転・消滅</u>)は、国際事務局の管理する<u>国際登録簿</u>に登録される。

3 国際商標登録出願の補正(68条の28)

(3)国際商標登録出願では、<u>商標の補正はできない</u>。

(4)国際商標登録出願の<u>指定商品・役務の補正</u>をすることはできる。

⇨補正は、<u>特許庁</u>に対して行うこともできるし、<u>国際事務局</u>に対して行う (限定) こともできる。

(5)特許庁に対し指定商品・指定役務を補正することができるのは、国際商標登録出願に拒絶理由が通知 (15条の2、15条の3) された後、事件が<u>審査・審判・再審</u>に係属している場合である。

学習日	月 日	月 日	月 日	月 日
正答数	／5	／5	／5	／5

出た過去問！ 出る予想問！ **目標 4 分で答えよう**

❏ 国際登録に基づく商標権が事後指定に係る国際商標登録出願による場合、その国際登録に基づく商標権の存続期間は、事後指定の日ではなく、国際登録の日（その商標権の設定の登録前に国際登録の存続期間の更新がされているときは、直近の更新の日）から10年をもって終了する。[H30-商標3]
☞(1)🅐○

❏ 国際登録に基づく商標権の存続期間の<u>更新、移転、変更（信託によるものを除く。）又は消滅は、</u>国際事務局の管理する国際登録簿ではなく、<u>特許庁に備える商標原簿に登録さ</u>れたところによる。[H21-5]
☞(2)🅐×

❏ 国際商標登録出願については、所定の期間内に提出する手続補正書により、願書に記載した指定商品又は指定役務について補正をすることができるが、商標登録を受けようとする商標については、いかなる補正もすることができない。[H29-商標1]
☞(3)🅐○

❏ 国際商標登録出願の出願人は、日本国について国際登録で指定された商品又は役務を限定する手続を<u>国際事務局に対して行うことができない。</u>[H18-28]
☞(4)🅐×

❏ 国際商標登録出願では、指定商品・指定役務の補正を、拒絶理由通知後事件が審査、審判に係属中に限り、行うことができる。[予想問]
☞(5)🅐×

11 再 出 願

1 セントラルアタック後の再出願 (68条の32第2項)

(1)セントラルアタック後の再出願の要件は、次のとおり。

　①国際登録取消日から3月（追完あり）以内に出願すること。

　②取り消された商標と再出願に係る商標が同一であること。

　③指定商品・指定役務が取り消された国際登録に含まれていること。

　④料金の支払等がなされていること。

⇨当該再出願は、国際登録の日（国際登録が事後指定の場合は事後指定の日）に出願されたものとみなされる。

⇨当該再出願が、出願分割できないという規定はない。

(2)国際登録に係る商標権であったものについての国際登録の取消後の商標登録出願について、商標登録をすべき旨の査定又は審決があったときは、商標法18条2項所定の登録料を納付することなく、商標権の設定の登録がされる。

2 拒絶・異議・無効理由の特例等

(3)国際登録の取消後の商標登録出願が商標登録された場合、元の商標権に対する異議申立てが商標掲載公報発行の日から2月以内になされていなければ、再出願による商標権に対する異議申立てはできない (68条の37)。

(4)68条の32第1項・2項違反は、拒絶理由・無効理由であるが (68条の34、68条の38)、異議理由ではない。

(5)旧国際登録に係る商標登録について除斥期間が経過しているときは、無効審判を請求できない (68条の39)。

⇨旧国際登録に係る商標権が設定登録から5年経過していても、公益的不登録事由違反なら無効審判の請求ができる。

学習日	月	日	月	日	月	日	月	日
正答数	/5		/5		/5		/5	

出た過去問！
出る予想問！ 目標**4**分で答えよう

❏ いわゆるセントラルアタック後の再出願における商標登録出願の日は、常に国際登録日である。［予想問］　☞(1)쫌×

❏ 国際登録に係る商標権であったものについての国際登録の取消し後の商標登録出願及び議定書の廃棄後の商標登録出願については、商標法第 10 条（商標登録出願の分割）の規定は適用しない。［H18-45］　☞(1)쫌×

❏ 国際登録に係る商標権であったものについての国際登録の取消し後の商標登録出願については、その出願に係る国際登録の国際登録の日（国際登録の存続期間の更新がされているときは、直近の更新の日）から 10 年以内に商標登録をすべき旨の査定又は審決があったときは、商標法第 18 条第 2 項所定の登録料を納付することなく、商標権の設定の登録がされる。［H18-45］　☞(2)쫌○

❏ 「旧国際登録に係る商標権の再出願」に係る商標登録は、もとの国際登録に係る商標登録について、商標掲載公報発行の日から 2 月以内に登録異議の申立てがされなかった場合、登録異議の申立ての対象とはならない。［H19-46］
☞(3)쫌○

❏ 国際登録が議定書第 6 条(4)に規定する、いわゆるセントラルアタックにより取り消された旧国際登録に係る商標権の再出願に係る商標登録が、その指定商品について慣用されている商標に対してなされたときは、再出願に係る商標権の設定の登録の日から 5 年を経過する前であっても、商標登録の無効の審判を請求することができない場合がある。
［H30- 商標 3］　☞(5)쫌○

7章

再

出

願

12 その他

1 色違い類似商標の取扱い

(1)登録商標と類似する商標であって、色彩を登録商標と同一にするものとすれば登録商標と認められるものは、一定の規定については、登録商標とみなされる(70条参照)。

⇨色違い類似商標の使用は、商標権侵害そのものであり(25条)、商標権侵害とみなされるわけではない。

⇨商標権者は、色違い類似商標の通常使用権の許諾も、専用使用権の設定もできる。

⇨色違い類似商標を使用していれば、不使用取消審判の請求(50条)を受けない。

(2)登録防護標章(4条1項12号、67条)には、色違い類似標章が含まれる。

2 補正の時期(68条の40)

(3)商標登録・防護標章登録に関する手続をした者は、事件が審査に係属し、又は、登録異議申立ての審理・審判・再審に係属している限り、補正をすることができる。

⇨「異議申立ての補正」とは、異議申立書の補正のこと。異議申立ての審理係属中に指定商品等を補正できるわけではない点に注意せよ。

(4)登録料納付(一括納付・分割納付とも)と同時にする補正においては、商品等の区分の数を減ずる補正のみができ、商品等を減縮する補正はできない。

3 刑事罰

(5)刑事罰適用の要件と損害賠償の要件とは、同じではない。

学習日	月 日	月 日	月 日	月 日
正答数	／7	／7	／7	／7

出た過去問！ 出る予想問！ 目標 **4** 分で答えよう

❏ 他人の登録商標と類似する商標であって、色彩を登録商標と同一にするものとすれば登録商標と認められるもののその登録商標に係る指定商品についての使用は商標法第37条第1号（侵害とみなす行為）の規定により<u>当該他人の商標権を侵害するものとみなされる</u>。[H9-25] ☞(1)答×

❏ 甲の登録防護標章とは色彩が違う商標を、当該登録防護標章に係る指定商品に使用する行為が、登録防護標章に係る商標権の侵害となる場合がある。[H13-14] ☞(1)(2)答○

❏ 商標権者は、登録商標と類似する商標であって、色彩を登録商標と同一にするものとすれば登録商標と認められるものについて、<u>通常使用権の許諾も、専用使用権の設定もできない</u>。[予想問] ☞(1)答×

❏ 登録異議申立ての審理係属中であれば補正ができるが、その補正は異議申立書の書誌的事項に関する補正であり、願書に記載した指定商品等や商標を補正することを含まない。[予想問] ☞(3)答○

❏ 登録料の納付の場合に区分減縮の補正ができるのは、<u>一括納付の場合だけである</u>。[予想問] ☞(4)答×

❏ <u>登録料を納付する場合には、指定商品を削除する補正ができる</u>。[予想問] ☞(4)答×

❏ 商標権の侵害において、刑事罰規定適用のための要件は、損害賠償の請求のための要件と、同じではない。[H21-36] ☞(5)答○

7章

そ
の
他

●著者紹介●

佐藤　卓也（さとう・たくや）

昭和 39 年、東京都新宿区に生まれる。中央大学法学部法律
学科卒業・同大学院民事法博士前期課程修了。

大日本印刷株式会社特許部（現・知的財産権本部）に平成 9 年
まで勤務。

その後、小島国際特許事務所（現・第一東京国際特許事務所）
に勤務し、実務に従事している。

大手受験予備校（LEC 東京リーガルマインド）では、弁理
士受験の講座体系を作り上げるとともに、講座中の基本テキ
ストなど多くの著作・編集に携わる。

また、公共団体の研修講師、日本弁理士会での委員会活動を
行っている。

趣味は城郭めぐりで、幼少期より日本の城郭を巡り歩いた。
弁理士受験生の質の向上に貢献し、弁理士資格の魅力を多く
の方に伝えるべく、日夜講義に励んでいる。

装丁　やぶはな あきお

ケータイ弁理士II　第2版　意匠法・商標法

2020年9月3日　第1刷発行

著　者　佐　藤　卓　也
発行者　株式会社　三　省　堂
　　　　代表者　北口克彦
印刷者　三省堂印刷株式会社
発行所　株式会社　三　省　堂
〒101-8371　東京都千代田区神田三崎町二丁目22番14号
電　話　編集　(03) 3230-9411
　　　　営業　(03) 3230-9412
https://www.sanseido.co.jp/

<2版ケータイ弁理士II・240pp.>

© T. Sato 2020　　　　　　　　Printed in Japan
落丁本・乱丁本はお取り替えいたします。
ISBN978-4-385-32475-3